Gianandrea Serafin – Valeria Lupidi

CHE COS'È IL BULLISMO
Per capirne di più

Aggiornato con la Legge n. 71/2017 sul Cyberbullismo

Che cos'è il Bullismo
© *2017 Gianandrea Serafin – Valeria Lupidi*

ISBN: 978-1-326-89073-5

Lulu.com
https://www.lulu.com/it

I edizione: dicembre 2017

Tutti i diritti riservati. Ogni violazione sarà perseguita a termini di legge.
Impaginazione testi: © *2017 Gianandrea Serafin*
E-mail: redazione_crimelogos@libero.it
Immagine di copertina:
https://pixabay.com/it/testa-wireframe-faccia-personale-826318/

In ricordo dei miei nonni Bruno, Carmelo, Carolina e Maria
Gianandrea Serafin

In ricordo dei miei genitori, Francesco e Silvana
Valeria Lupidi

SOMMARIO

Introduzione 07
di Valeria Lupidi

Capitolo I 09
Aggressività e conflitti a scuola
di Gianandrea Serafin

Capitolo II 13
Che cos'è il Bullismo
di Gianandrea Serafin

Capitolo III 19
Quali attori in gioco
di Gianandrea Serafin

Capitolo IV 31
Che cos'è il Bullismo telematico
di Gianandrea Serafin

Capitolo V 43
Che cos'è l'identità sessuale
di Valeria Lupidi

Capitolo VI 49
Che cos'è il bullismo omofobico
di Valeria Lupidi

Capitolo VII 61
Il bullismo in rosa
di Valeria Lupidi

Capitolo VIII 65
Crimini sul web
di Gianandrea Serafin

Capitolo IX 73
Quali conseguenze
di Gianandrea Serafin

Capitolo X 79
La nuova legge sul Cyberbullismo
di Gianandrea Serafin

Conclusioni: cosa ci resta da dire? 85
di Valeria Lupidi

Appendice 89
Legge 29 maggio 2017 n. 71 - Disposizioni a tutela 91
dei minori per la prevenzione ed il contrasto del
fenomeno del cyberbullismo

Riferimenti bibliografici 101

Introduzione
di Valeria Lupidi

"Ci vuole un bullo per riconoscerne un altro!".
Ma siamo proprio sicuri di questa affermazione?
Forse per riconoscere un bullo non dobbiamo esserlo anche noi, ma molto più semplicemente dobbiamo avere gli "strumenti" per identificarlo. E questi strumenti ce li fornisce principalmente la conoscenza di un fenomeno, non necessariamente la sperimentazione.
Da molti anni ormai si parla di bullismo, se ne analizzano gli aspetti e si cercano rimedi. Le statistiche però ci dicono che il fenomeno non è assolutamente in diminuzione, nonostante le campagne di sensibilizzazione adottate e l'attenzione che viene data al fenomeno nel-le scuole.
Viene da chiedersi allora perché, a fronte di tanto interesse per "demolire" il fenomeno – basti vedere come una delle campagne di in-formazione diffuse qualche anno fa si chiamava "smonta il bullo"! – se ne riscontra un aumento. Forse la risposta è nelle sue metamorfo-si. Incredibilmente il bullismo invece di regredire si adegua ai cambiamenti della società: cresce con l'affermazione femminile insinuandosi sempre più tra le ragazze; sfrutta la tecnologia e le possibilità offerte dalla rete per diventare "cyber"; cavalca l'onda delle differenze di genere per assumere una dimensione omofonica.
È quindi importante prendere atto di questi cambiamenti per capirne i risvolti e le possibili conseguenze.
Ogni fenomeno collettivo è uno spaccato della società e del periodo in cui si vive. Il bullismo non fa eccezione.
Questo è l'intento che ci siamo preposti: far sapere non solo cosa è il bullismo, di cui si parla ormai da anni e su cui esiste una

vastissima letteratura, ma svelare alcune particolari forme di prevaricazione che dal bullismo discendono, ma che stanno facendo sì che questo fenomeno scivoli sempre più verso una deriva maggiormente pericolo-sa rispetto a quella che ha già intrapreso.

Questo testo vuole quindi fotografare e, per quanto possibile, spiega-re questi nuovi risvolti avendo ben presente quanto la cultura influenza certi atteggiamenti. Oltre a darne una descrizione, nel testo vengono prese in considerazione specifiche fattispecie di bullismo, le loro manifestazioni vengono meglio spiegate con esempi di storie vissute e, cosa importantissima, alla fine si fornisce un vademecum per difendersi in particolare da "nuove" dimensioni del bullismo.

Stiamo parlando del cyberbullismo e del bullismo omofonico. Due elementi aggravanti del fenomeno, figli del progresso tecnologico (il cyberbullismo) e dell'odio di genere (quello omofonico).

Anche stavolta abbiamo voluto utilizzare una modalità comunicativa che arrivi soprattutto ad un pubblico giovane, con l'intento di mostrare, spiegare, diffondere queste conoscenze e nella convinzione che anche questo è un modo per combattere tali vessazioni.

Insomma, non si tratta delle solite spiegazioni ed affermazioni ormai tanto sbandierate, ma di un innovativo punto di vista su un fenomeno che, considerando da quanto tempo è comparso nelle nostre scuole, possiamo considerare già "antico".

Di bullismo si muore, ce lo dicono le statistiche sui suicidi e questo per noi è inaccettabile. Non possiamo rimanere inermi perché il fenomeno invade le scuole, sfiora i nostri figli, corrode la società, e nessuno può ritenersi immune.

Impariamo allora a convivere con questa consapevolezza e guardiamo verso il futuro con ottimismo.

Buona lettura!

I
Aggressività e conflitti a scuola
di Gianandrea Serafin

«Se fai piani per un anno, semina grano, se fai piani per un decennio, pianta un albero, se fai piani per la vita, forma ea educa le persone»
Antico proverbio cinese.

L'aggressività e i conflitti scolastici sono due prospettive differenti ma allo stesso tempo complementari. Il bullismo può essere letto in termini di **aggressività**, facendo riferimento a tutti quei comportamenti che hanno lo scopo di fare male o nuocere a uno o più soggetti. In questo ambito l'accento viene posto sul dato dell'intenzionalità della condotta, ma non sulle sue dirette conseguenze. Infatti il bullismo può essere ricompreso nella macro-area dell'aggressività quando si presenta nella sua forma pro-attiva.

Si definisce, infatti, **aggressività attiva** la reazione ad una provocazione precedentemente subita, mentre è **aggressività pro-attiva** quella che avviene di per sé, senza che vi sia alcuna provocazione, ed è generalmente rivolta a perseguire un determinato fine egoistico. Questo fine non è strumentale ma espressivo, anche nel caso in cui il bullo ponga in essere comportamenti volti ad impossessarsi dei beni fisici in realtà vi sarà sempre la volontà di rafforzare il proprio status attraverso il dominio dell'altro e mediante il messaggio che di riflesso viene mandato all'intero gruppo.

Inoltre il bullismo può essere anche definito in termini di **conflitto sociale**. Secondo Glasl (1997), infatti, il conflitto è un'interazione tra attori sociali, in cui vi è almeno un soggetto che percepisce l'esistenza di una incompatibilità con uno o più persone con cui è in interazione, e questa percezione di

incompatibilità concerne le dimensioni del pensiero, delle emozioni e della volontà. Questo significa che dal punto di vista della vittima la realizzazione dei propri pensieri, emozioni e volontà è ostacolata e limitata dall'azione dell'altro.
Trattare di conflitto, infine, non significa dire né che siamo in presenza di una situazione simmetrica né che si esclude il dato della violenza.
Nella definizione di bullismo, inoltre, vi può essere anche la percezione d'incompatibilità da parte di uno o più soggetti, la consapevolezza del conflitto in corso – che può riguardare solo un soggetto, che generalmente è la vittima – e l'ostacolamento (reale o percepito) vissuto come limitazione della propria libertà. La consapevolezza può appartenere ad entrambi, o solo ad un soggetto, ma nel bullismo non sempre è così. Spesso, infatti, non appartiene neanche alla vittima, la quale può avere la tendenza anche ad auto-attribuirsi la responsabilità dei soprusi patiti. Si tratta di un particolare tipo di conflitto, detto oppressione, che fa sì che nella mente del soggetto sia la stessa sofferenza a determinare la situazione vissuta, di imposizione rispetto alla propria natura, la quale viene considerata come accettabile.
Appare evidente, altresì, come il bullismo possa essere considerato come una forma di conflitto perché presenta tutti quegli elementi che contraddistinguono una situazione conflittuale: i comportamenti, i presupposti e le contraddizioni.
Per **comportamenti** si intendono le azioni concrete poste in essere da coloro i quali sono coinvolti nel fenomeno. Il conflitto fa riferimento ad azioni generali e comportamenti (verbali, fisici, diretti e indiretti) che riguardano una pluralità di attori come il gruppo dei pari, gli insegnanti, il personale scolastico (c.d. clima scolastico) e i genitori. Sono **presupposti**, ad esempio, la disponibilità a scontrarsi da parte di un soggetto (bullo) nei confronti della vittima[1]. In questo caso pertanto esisterebbe una relazione sociale di tipo asimmetrica a valenza bi-direzionale.

---

[1] Si tratta in questo caso di un tipo particolare di vittima, meglio nota in letteratura come **vittima provocatrice**, la quale dimostra a sua volta una

Infine sono **contraddizioni** le motivazioni legate all'oggetto del contendere. Queste non sono quasi mai evidenti nel bullismo perché di rado il bullo vuole effettivamente ottenere dei benefici materiali, ma si tratta perlopiù di modalità con cui rafforzare l'autostima, la sicurezza in sé, ottenere maggiore potere sul gruppo, ammirazione e approvazione da parte dei compagni di classe.

Inoltre si evidenzia come secondo quanto emerge da numerosi studi sul fenomeno anche i sentimenti di vergogna sembrano essere associato all'esternazione della violenza (Kersten, 2010). In molti casi infatti la violenza può essere legata all'incapacità di elaborare una forma di umiliazione che è sentita come intollerabile. Vergogna, rabbia e colpa, le cosiddette *moral emotions*, infatti, nel corso degli ultimi anni sono state oggetto di crescente attenzione soprattutto nella criminologia anglofona.

Infatti appare abbastanza evidente come la vergogna, secondo i più comuni stereotipi culturali, verrebbe neutralizzata con la fuga nelle ragazze e con la violenza nei ragazzi.

In Pedagogia si usa distinguere il sentimento di vergogna, sempre positivo, e la sua volontaria induzione, sempre negativa. Comunque anche la vergogna, se in misura moderata, può essere un'emozione utile, durante l'infanzia e l'adolescenza, per modificare positivamente il concetto di sé e degli altri. Sovente, infatti, la causa della violenza giovanile non è data tanto dal disorientamento quanto piuttosto da una incapacità di rielaborare i sentimenti di vergogna. In questi casi la delinquenza sarebbe il tentativo di passare da una condizione di vergogna ad una di colpa: la violenza contro gli altri offrirebbe la possibilità di sottrarsi all'onta di una plateale umiliazione.

Molte delle persone che esercitano al violenza non riescono a provare vergogna o la reprimono, così che ai violenti manca la capacità di elaborare mentalmente gli stati d'animo. La vergogna come emozione, infatti, deve essere messa d'accordo con

---

discreta disponibilità a scontrarsi con il bullo e con il gruppo dei pari. Cfr. Vezzadini (2006).

l'immagine del sé, questo è possibile solo se la vergogna viene vissuta come esperienza sociale.

II
Che cos'è il bullismo
di Gianandrea Serafin

Una delle prime definizioni sul bullismo fu quella fornita dal ricercatore svedese Dan Olweus il quale iniziò ad interessarsi del tema già a partire dagli anni '70.
Secondo Olweus *"uno studente è oggetto di azioni di bullismo, ovvero è prevaricato o vittimizzato, quando viene esposto ripetutamente, nel corso del tempo, alle azioni offensive messe in atto da parte di uno o più compagni"* (Olweus, 1996).
La parola Bullismo, inoltre, deriva dal termine inglese *bullying* e letteralmente significa "usare prepotenza", riferendosi non solo alla dinamica nel suo insieme ma sia alle condotte persecutorie sia ai processi di vittimizzazione. Tuttavia la prevaricazione, come alcuni autori hanno avuto modo di rilevare, è solo una delle componenti del bullismo che è primariamente un fenomeno di tipo multidimensionale e sociale. In Scandinavia, ad esempio, per definire questo tema si usa il termine *mobbing*, che deriva dall'inglese *to mob* e si riferisce ad "un gruppo di persone implicato in atti di molestie".
Questa comparazione fra le condotte vessatorie perpetrate a livello scolastico e quelle attuate nel mondo del lavoro è stata ben evidenziata in Inghilterra, dove non si parla di mobbing ma di *bulling at work*. Altri autori parlano persino di "Mobbing in età evolutiva".
Inoltre il bullismo deve essere considerato un fenomeno sociale che coinvolge oltre a scuola e famiglia anche il sistema sociale nella sua complessità.
Il bullismo per essere definito tale deve presentare tre caratteristiche precise: intenzionalità, persistenza nel tempo, e asimmetria nella relazione. Vale a dire che per parlare

concretamente di bullismo deve esservi un'azione fatta intenzionalmente per provocare un danno alla vittima; che sia ripetuta nei confronti di un particolare compagno; e quindi caratterizzata da uno squilibrio di potere tra chi compie l'azione e chi la subisce.
Nella letteratura psicologica internazionale con il termine bullismo si indica generalmente *"il fenomeno delle prepotenze perpetrate da bambini e ragazzi nei confronti dei loro coetanei soprattutto in ambito scolastico (ma non solo), ed in particolare si vuole riunire aggressori e vittime in un'unica categoria"* (Pisciotta, 2003). Il bullismo presuppone la condivisione del medesimo contesto (scuola, classe, mezzi pubblici, ecc).
Inoltre al contrario di quanto comunemente si è portati a pensare non si tratta sempre un'azione a due, ma vi possono essere anche altre persone che ruotano attorno alla vittima e al bullo, persone che entrano a pieno titolo nella condotta prevaricatoria e nelle vessazioni che patisce la vittima.
Secondo Sharp e Smith il bullismo è un tipo di azione che mira deliberatamente, mediante un atto di volontà da parte del bullo, a fare del male e a danneggiare la vittima. Si tratta, inoltre, di una condotta persistente che perdura nel tempo e che rende difficile difendersi a coloro che ne sono vittime e che versano in una condizione di impotenza. Infine il nullismo, secondo gli autori deve essere considerato come azione corale perché non può prescindere dalla presenza di un pubblico (Sharp, Smith, 1995).
Alla base di questo tipo di condotte vi è quindi la volontà di sopraffare l'altro attraverso l'abuso di potere e il desiderio di intimidire per dominare. L'azione è esercitata in modo volontario ed è volta ad intimidire l'altro per sottometterlo, perché il bullo ha il bisogno di dominare. Possiamo, quindi, definire il bullismo in termini di abuso di potere Anche Elena Buccoliero e Marco Maggi (2005) definiscono il bullismo come un abuso di potere che si verifica in presenza di tre condizioni:

- la presenza di comportamenti di prevaricazione diretta o indiretta;

- le condotte prevaricanti devono essere reiterate nel tempo;
- vi devono essere coinvolti sempre gli stessi soggetti, di cui uno (o più) in posizione di dominio (bullo) ed altri più deboli e incapaci di difendersi (vittime).

Secondo gli autori solo in presenza di questi tre elementi compresenti possiamo parlare effettivamente di bullismo.

Il bullismo, inoltre, può contemplare violenza fisica (botte, pugni, calci, ecc.), sottrazione di beni materiali ed effetti personali della vittima (cellulare, astuccio, ecc.), ma anche violenze verbali e psicologiche (minacce, ricatti, offese, insulti, ecc.), ovvero tutto un insieme di offese indirette che consistono nell'esclusione, emarginazione della vittima, del suo allontanamento dal gruppo, dalla classe anche attraverso strategie come la calunnia.

Tutti gli studi, infatti, concordano sull'aspetto dell'asimmetria della relazione, caratterizzata da una grande disparità e disequilibrio di forze, ove il bullo ha sempre più potere della vittima e spesso anche della media dei suoi compagni di classe perché più forte fisicamente, a volte più grande d'età perché ripetente, e talvolta anche un piccolo *leader* negativo.

La vittima al contrario è un soggetto più debole, più vulnerabile sia dal punto di vista fisico che psicologico. Si può trattare di persone più sensibili della media con la tendenza a soffrire di più e ad ingigantire alcune situazioni. Questa condizione di maggiore vulnerabilità determina anche spesso l'isolamento dal gruppo e la stigmatizzazione.

La maggior parte degli autori, infatti, è concorde sull' importanza dell'intenzionalità dell'azione del bullo volta a ferire, provocare disagio nella vittima, con la consapevolezza delle sue conseguenze, in una sorta di assenza di empatia.

Altri autori su questo punto si sono mostrati di opinioni diverse, ritenendo che l'elemento dell'intenzionalità non possa essere sempre riscontrato aprioristicamente nella realtà dei fatti, e se è possibile individuarla si tratta per lo più del frutto di una interpretazione fatta a posteriori piuttosto che di una

consapevolezza effettiva da parte del bullo (Buccoliero, Maggi, 2005).
Gli autori sottolineano il dato della negazione aprioristica dell'intenzionalità perché reputano che uno degli aspetti centrali del lavoro educativo con i bulli e con la classe in generale è quello di promuovere la consapevolezza delle proprie azioni, partendo dal presupposto che non essendoci intenzionalità a monte questa consapevolezza va costruita nel lavoro che viene fatto dai formatori ed educatori.
Inoltre i ricercatori australiani Rigby e Slee distinguono, inoltre, tra bullismo malevolo o maligno, in qui è centrale l'elemento dell'intenzionalità e bullismo non malevolo o non maligno in cui manca totalmente l'elemento dell'intenzionalità e della consapevolezza da parte dei bulli (Rigby, Slee, 1991).
Secondo gli studiosi, infatti, in alcuni casi i bulli non sono consapevoli del male che stanno perpetrando proprio perché manca loro la capacità di vedere il disvalore delle azioni.
Questa mancanza di capacità nel sapere leggere l'illegalità sottesa alle proprie azioni, in particolare, sembra essere maggiore nei bulli che provengono da contesti sociali già attraversati da forme di violenza e devianza.
Vi è quindi la tendenza a riproporre ciò che hanno visto come unica modalità di relazione valida e così tendono a riproporre ciò che hanno visto come modalità di relazione valida per ottenere un determinato scopo, incapaci di distinguere che le azioni negative comportano conseguenze negative, ritenendo ciò che tutti gli altri consideriamo un disvalore come elemento di positività.
Spesso, inoltre, la non intenzionalità e consapevolezza delle condotte vessatorie può anche essere giustificata dal bullo con una valenza educativa, rappresentano cioè una sorta di "rito di passaggio" in vista dell'assunzione di un ruolo più centrale del "prescelto" all'interno del gruppo di cui il bullo è il leader.
Dal punto di vista del bullo, infatti, la continuità delle prevaricazioni può rappresentare una "forma di apprendistato", o di "rito iniziatico", in vista di un ruolo di maggior fama. Pertanto

il bullo sottopone, insieme al gruppo, la vittima ad una serie di vessazioni (o "prove") per vedere se questo si dimostra meritevole di entrare nel gruppo.
Da parte della vittima, infine, vi può essere la volontà (o il desiderio) di sottomettersi al rito iniziatico (gioco) in vista di una nuova appartenenza e del conseguimento di una "nuova identità" e di un elevazione di status sociale.

III
Quali attori in gioco
di Gianandrea Serafin

Trattandosi, come abbiamo visto, di un fenomeno sociale anche nel bullismo – come in altre forme di devianza giovanile – sono presenti degli *"attori sociali"* che, in molti modo, partecipando all'interazione, o contribuiscono ad alimentare la relazione abusante.
Questi possono essere facilmente individuabili in alcune specifiche figure tra cui: il bullo, la vittima, i gregari e gli astanti.

Il bullo

La figura del bullo presenta molte caratteristiche peculiari.
Quando parliamo di bullo, infatti, ci riferiamo ad una categoria di soggetti che va ulteriormente differenziata al suo interno.
Vi sono poi da considerare anche ulteriori componenti, che restano sullo sfondo, che appartengono ai soggetti che pongono in essere condotte di prevaricazione che definiamo appunto come bullismo.
È bene sapere che in linea di principio i bulli non sono sempre tutti uguali. Infatti la loro condotta può variare a seconda di una serie di caratteristiche che fanno sì che ci si trovi in presenza di un soggetto dominante e aggressivo nei confronti della vittima o viceversa contrassegnato da passività, come ad esempio nel coso del cosiddetto bullo gregario.
Le caratteristiche del bullo che seguono sono già state indicate dallo studioso Olweus a partire dagli anni 70.

Nel bullo vi è una maggiore forza fisica rispetto ai compagni, al gruppo dei pari con il quale si trova a misurarsi e alla vittima.
La tendenza di questi soggetti è quella di avere un **modello reattivo di tipo aggressivo**. I bulli, infatti, possono essere individui contrassegnati da un'altissima impulsività e che hanno una bassissima tolleranza alla frustrazione, difficoltà a rispettare le regole – soprattutto se impartite dagli adulti – poiché fondamentalmente essi preferiscono darsi da soli un sistema di regole: basato perlopiù su forza e prevaricazione, e su modelli sociali negativi.
Appare qui evidente poi come i bulli siano soggetti con un'altissima propensione a dominare e ad imporsi sugli altri, non disdegnando l'uso della violenza nel tentativo di raggiungere tale fine.
In apparenza i bulli possono avere una buona opinione di sé, e questo gioca a loro favore nel contesto esterno, portandoli non di rado a godere di una discreta popolarità fra il gruppo dei pari. Anche se si comporta come se volesse essere (o come se potesse essere), non sempre però il bullo è il *leader* riconosciuto dai compagni, tuttavia gode di popolarità e attira l'attenzione dei compagni di classe.
Nonostante i bulli godano di popolarità però ma non hanno amici poiché possono presentare difficoltà ad empatizzare con gli altri, ed in modo particolare con la vittima e con la sofferenza e i sentimenti dei suoi compagni. Questa condizione di isolamento porta il bullo a vivere una profonda frustrazione.
Il **rendimento scolastico** può essere variabile. Alle scuole inferiori sarà ancora accettabile, ma man mano che il soggetto procede con gli studi, si potrà assistere ad una sua progressiva perdita di contenuti.
Con il tempo si assiste ad un rendimento sempre meno brillante ed anche ad un atteggiamento negativo nei confronti della scuola e disprezzo nei confronti dell'istituzione nel suo insieme. A lungo andare questa condizione potrà portare il bullo anche ad abbandonare la scuola prima di prendere il diploma.

Quindi il bullismo potrà avere anche gravi effetti negativi sul futuro dello stesso bullo.

Infatti un futuro incerto, la mancanza di una professionalità, la difficoltà ad avere un ruolo significativo all'interno del mercato del lavoro e una condizione di generale marginalità social potranno una serie di conseguenze negative sull'individuo tali da esporlo al rischio di intraprendere, da adulto, condotte di tipo deviante.

Alcuni autori hanno poi indicato una serie di sotto-tipologie di bullo (Olweus, 1996; Fonzi, 1999; Buccoliero, Maggi, 2005):

- *Bullo dominante e aggressivo:* è un tipo di bullo particolarmente sicuro di sé e spavaldo. È fisicamente e psicologicamente più forte dei compagni e poco sensibile rispetto ai loro sentimenti, soprattutto nei confronti della sua "vittima" prescelta. Generalmente viene condizionato dal contesto familiare e sociale in cui vive, e ha la tendenza ad essere un soggetto che considera positivamente l'aggressività quale modalità strumentale per il raggiungimento dei propri fini. Il fine del bullo è sempre quello di dominare gli altri. È particolarmente aggressivo e propenso all'uso della violenza fisica. Ha la tendenza a circondarsi di sostenitori, che però non sono esattamente suoi amici ma semplicemente "compagni di strada", che vengono manipolati e raggirati. Questo bullo ha elevate capacità relazionali, che lo portano a porsi all'attenzione degli altri, con il fine di manipolarli e "piegarli" alla propria volontà. Infine molto spesso può essere coinvolto in altre condotte devianti al di fuori dell'istituto scolastico o essere rischio di devianza o micro criminalità.
- *Bullo gregario o passivo:* è un tipo ansioso e insicuro, non molto popolare fra i compagni, ed in realtà non è neanche propenso ad adottare atteggiamenti violenti e aggressivi nei confronti degli altri. Non prova grande

interesse a prevaricare gli altri o ad imporre la propria volontà sugli altri, ma partecipa ad azioni di bullismo in quanto sostenitore e braccio destro del bullo dominante, nel tentativo di acquisire una propria identità, di avere popolarità all'interno del gruppo, e di diventare più visibile. Questo bullo, quindi, pone in essere condotte prevaricanti nei confronti della vittima nel tentativo di farsi accettare dagli altri. Cerca il consenso del bullo dominante come lascia passare nei confronti dell'intero gruppo/classe.

- *Bullo-vittima*: questo bullo viene definito anche come vittima aggressiva o provocatrice, proprio perché assume contemporaneamente due ruoli: quello di bullo e di vittima. Solitamente è un individuo con una bassissima autostima. Questo tratto caratteriale, infatti, si manifesta con una serie di condotte che il bullo-vittima pone in essere: difficoltà a relazionarsi con i suoi compagni; atteggiamenti provocatori o iperattivi nei confronti dei compagni che lo aggrediscono, ecc. Capita spesso che anche se è un bullo viene preso di mira dagli altri perché si presenta come ansioso e molto irritabile. È emotivamente instabilità e questi suoi sbalzi umorali fanno sì che sia un bullo assolutamente impopolare agli altri. Le sue reazioni sono difficilmente giustificabili e proprio queste determinano la maggiore condizione di marginalità e di esclusione da parte del gruppo nei suoi riguardi.

La vittima

La vittima solitamente è un individuo che presenta delle caratteristiche peculiari. Si tratta, infatti, di soggetti generalmente passivi e caratterizzati da maggiore debolezza fisica rispetto agli altri individui, modalità reattiva di tipo ansioso e la tendenza a sottomettersi nelle relazioni con i pari.

Nell'ambito del bullismo questi tre aspetti ci delineano un quadro tipico secondo cui possiamo dire che le vittime di bullismo sono ragazzi estremamente insicuri che manifestano all'esterno questa loro condizione, quindi non sono in grado di reagire al torto subito.

Fra le caratteristiche personologiche più comuni alle vittime vi sono anche l'estrema sensibilità rispetto agli eventi che lo coinvolgono (tendono a piangere se aggrediti), la scarsa autostima e bassa opinione su di sé, la difficoltà a relazionarsi con i compagni all'interno del gruppo e al contempo la maggiore facilità a relazionarsi con gli adulti: anche se questo però non significa che saranno in grado di chiedere loro aiuto nel caso di bisogno.

Un ulteriore aspetto rilevante nell'analisi della figura della vittima di bullismo è quello relativo alla concezione, talvolta troppo eccesiva, del proprio corpo e dei propri beni. Infatti molti soggetti vittima di bullismo possono essere generalmente molto propensi a rendere pubblico l'interesse per il proprio corpo e per le proprietà: non vogliono mai sporcarsi, tendono a tenere sempre tutto in ordine, manifestano in maniera maniacale una grande attenzione rispetto ai proprio oggetti, ecc. Questa tendenza all'essere eccessivamente "perfettini" e maniacali fa sì che questi giovani vengono presi di mira dai bulli.

In letteratura esiste anche una particolare tipologia di vittima: la cosiddetta vittima provocatrice.

Come per la vittima tradizionale si tratta di soggetto contrassegnato da una maggiore debolezza fisica, ma a livello reattivo presenta una combinazione di modelli ansiosi e aggressivi che anche se, generalmente, teme per la propria incolumità fisica tuttavia nel momento in cui viene aggredita tende a reagire in modo sproporzionato, solitamente avendo la peggio. Vi è quindi una incapacità di trovare equilibrio tra l'offesa e la reazione.

Come per la vittima tradizionale ha bassissima autostima e un'immagine negativa di sé. Presenta una personalità insicura in cui l'infelicità e la depressione sono caratteristiche manifeste. È spesso accompagnata da iperattività, inquietudine, tendenza a non stare ferma, ad aggredire verbalmente e a far arrabbiare gli altri, e per questo non è gradita ai compagni venendo così maggiormente isolata rispetto alla vittima tradizionale (vittima passiva). Solitamente poi non ha neanche un buon rapporto con gli adulti e gli insegnanti.

Come abbiamo detto per il bullo anche per le vittime il rendimento scolastico può essere molto basso. Nel caso della vittima provocatrice, inoltre, lo scarso rendimento scolastico fa sì che essa sia vittimizzata due volte: vittima del bullo e vittima del contesto (gruppo/classe) a cui non è simpatica.

Lo stigma e la stigmatizzazione

Molti autori nel corso degli ultimi anni si sono occupati dello studio del bullismo in Italia.

Tra questi Ersilia Menesini (2000) già alla fine degli anni '90 sottolineava come ci fossero anche altri aspetti e caratteristiche che concorrono a definire la figura del bullo.

Secondo l'autrice, infatti, vi sono atteggiamenti che sostengono il bullo rispetto alle condotte che pone in essere e che possono favorire la distorsione delle conseguenze delle azioni aggressive. Queste permetterebbero la rilettura dell'atto deviante attraverso l'attribuzione della colpa direttamente alla vittima. Viene così impedito in toto il verificarsi di legami empatici nei confronti della vittima e della sofferenza che ella patisce.

Facciamo qui riferimento ad una serie di meccanismi psicologici, che Albert Bandura definì di **disimpegno morale,** ove vi è una correlazione tra i principi morali interiorizzati del soggetto e le condotte che questo pone in essere. Questo rapporto è mediato da meccanismi di autoregolazione e da una serie di sensazioni interne al soggetto (ad esempio senso di colpa e biasimo) che anticipano o prevengono la commissione di azioni illecite o immorali. Può succedere però che questi meccanismi di autoregolazione non funzionano, o sono ignorati dal soggetto, provocando così nel bullo la dimensione del controllo dei propri impulsi, legittimando la condotta deviante.

I meccanismi di disimpegno morale della condotta possono essere così sintetizzati (Serafin, 2012):

- **Giustificazione morale della condotta:** l'azione viene reinterpretata con riferimento ad una morale diversa che è significativa per l'autore stesso che ha posto in essere quella condotta e anche se si tratta di una morale non condivisa dagli altri membri del gruppo sociale;
- **Etichettamento eufemistico:** viene impiegato un linguaggio che trasforma e rende rispettabile anche condotte che rispettabili non lo sono;
- **Confronto vantaggioso:** la gravità dell'azione viene ridotta nel confronto con altre condotte ritenute più gravi oppure valutata positivamente rispetto ai benefici e ai vantaggi che permette di trarre;
- **Diffusione della responsabilità:** quando le azioni sono condotte a livello di gruppo e le responsabilità vengono attribuite a tutti i membri dello stesso, anche se l'azione è stata effettivamente compiuta da una sola persona. Può funzionare sia durante lo svolgimento dell'azione deviante sia a posteriori;
- **Dislocamento della responsabilità:** le responsabilità vengono fatte coincidere solo con una sola persona ovvero il leader del gruppo;
- **Distorsione delle conseguenze:** interviene sulla percezione del danno portando il soggetto a minimizzare o negare le conseguenze del danno inferto;
- **Deumanizzazione della vittima:** la vittima (o parte offesa) non viene considerata una persona uguale alle altre. Non è considerata degna e meritevole di rispetto e molto spesso viene trattata come una cosa o un oggetto (reificazione). L'autore la ritiene un intralcio al raggiungimento dei propri obiettivi e fini, e per questo la maltratta.

L'attribuzione di responsabilità alla vittima

Succede sovente che la responsabilità delle prepotenze agite venga attribuita proprio a chi le subisce, adducendo come motivazione accusante il comportamento provocatorio o passivo della vittima, quale causa e origine delle vessazioni.
Ciò può avvenire anche per la vittima, ovvero quando quest'ultima ha il bisogno di giustificare quello che le accade. L'auto-attribuzione delle responsabilità, infatti, può servire alla vittima stessa per mantenere la propria posizione, per renderla più radicata, per tutelare la propria identità anche se il prezzo di questa operazione sarà elevatissimo.
Ersilia Menesini ha indicato una correlazione tra i meccanismi di disimpegno morale e lo status/genere (Menesini, 2000). Per quanto riguarda le vittime di bullismo di sesso maschile possiamo dire che questi meccanismi di disimpegno morale sono particolarmente presenti: le vittime maschili si differenziano molto dai loro coetanei bulli. Invece per quanto attiene alle vittime di sesso femminile possiamo dire che presentano dei livelli elevati di disimpegno morale. Le femmine, infatti, hanno un atteggiamento maggiormente tollerante verso le prepotenze. Vari studi hanno posto in luce che il meccanismo di disimpegno morale maggiormente impiegato dalle ragazza rispetto alle prevaricazioni che subiscono è proprio quello dell'etichettamento eufemistico. Esse tenderebbero a descrivere con toni più sfumati, meno diretti, più allusivi la situazione di prepotenza che patiscono, al fine di alleggerire la carica negativa di talune situazioni di abuso.
Si rileva, inoltre, come le vittime femme subiscano più spesso, rispetto ai coetanei maschi, prepotenze di tipo indiretto, che possono consistere sostanzialmente in meccanismi di esclusione, allontanamento, di biasimo, marginalizzazione e derisione. Quindi questo tipo di prepotenze indirette sarebbe in qualche modo non immediatamente identificabile dalle vittime e dal contesto sociale, ma allo stesso tempo anche più facile da accettare passivamente, senza poter porre in essere alcun tipo di

reazione. In questo caso può anche accadere che la vittima arrivi a giustificare parzialmente le angherie che patisce: si pensi ad esempio al caso delle adolescenti straniere.

I personaggi secondari: gregario, sostenitore e astante

Nell'ambito delle dinamiche sociali del bullismo gli aspetti relazionali sono di fondamentali importanza e hanno a che fare con il gruppo dei pari, con il sistema scuola e con il contesto familiare da cui bullo e vittima provengono.
Il dato più evidente è che il bullo non opera da solo ma in gruppo. Di norma ha a che fare con un sistema, una rete particolarissima di rapporti sociali che si sviluppa all'interno della classe. Molti studi hanno evidenziato come circa l'85% degli episodi di bullismo avvengono in presenza di altre persone, in genere coetanei che possono sostenere, incoraggiare il bullo nelle proprie azioni, possono aiutare la vittima nei casi più rari, oppure possono essere semplicemente degli osservatori: i cosiddetti astanti.
Primo fra tutti vi è il **bullo gregario**, quello passivo, che agisce in modo prepotente sostenendo il bullo dominante ma ha che una posizione secondaria e subordinata. Essi non si sogna neanche per sbaglio di sostituirsi al bullo dominante e non si comporterebbe mai in modo da offuscare la centralità della figura del dominante perché ne teme le ritorsioni.
Vi è poi il bullo **sostenitore** il quale agisce rinforzando il comportamento del bullo dominante attraverso azioni precise quali ad esempio incitando e istigazioni alle prevaricazioni o favorendo rise e pestaggi.
Gli **astanti**, inoltre, come abbiamo già detto sono coloro i quali non prendono parte alle prepotenze ma al contempo non intervengono per interromperle. Anche se non partecipano in modo diretto alle vessazioni hanno comunque una responsabilità (forma di accettazione delle prepotenze). Generalmente preferiscono chiamarsi fuori, fingere di non vedere, o "si girano

dall'altra parte". Questa reazioni può essere letta come una scelta obbligata per evitare di diventare a loro volta vittima di bullismo e oggetto di ritorsioni. Si evidenzia in questa sede come l'indifferenza che gli astanti manifestano nei confronti di tutto ciò che sta avvenendo è strettamente correlata a forme di disimpegno morale, così come la tendenza a deumanizzare la vittima, a colpevolizzarla, a minimizzare le conseguenze dannose della azioni del bullo. In questo modo il disagio che gli astanti provano di fronte a queste dinamiche devianti verrebbe ridotto, perché essi prendono le distanze dalla vittima, riconoscendo l'autorità del bullo e la legittimità delle sue azioni.
Si tratta perlopiù di individui più che indifferenti, come appare ovvio ritenere, in realtà condividono appieno i valori corrisposti dal bullo e dal suo gruppetto. Quindi tali soggetti si identificano appieno con le dinamiche relazionali che il bullo e i gregari considerano essere le uniche e le sole condotte "normali".
Può capitare, talvolta, che fra gli astanti la condizione di indifferenza venga interrotta dal ruolo del cosiddetto difensore della vittima, il quale si farebbe portatore di una cultura di solidarietà nei confronti della persona che sta patendo le umiliazioni e vessazioni. Questa condizione può accadere soprattutto quando il difensore della vittima viene identificato come una figura autorevole all'interno della classe, ovvero una figura che può permettersi di distaccarsi dal gruppo nel quale primeggia il bullo e che quindi può far sorgere negli altri dubbi rispetto alla liceità e alla normalità di quelle condotte devianti.
Quando questo soggetto, che può essere una figura davvero molto carismatica, prende pubblicamente le difese della vittima, all'interno del gruppo e negli astanti sembra muoversi qualcosa. Si fa strada il dubbio rispetto all'ammissibilità di quelle condotte che oramai appaiono un po' meno lecite, un po' meno ammissibili.
Un ulteriore elemento che permetterebbe questa apertura è dato dalla coerenza che garantirebbe il difensore nel corso del tempo. Tale comportamento coerente, infatti, sarebbe tale da insinuare il dubbio anche nei soggetti più restii al cambiamento, perché la

difesa nei confronti della vittima non viene più intesa come atto sporadico e repentino rispetto ad una determinata situazione che si è venuta a creare, o una scelta estemporanea, ma il frutto di qualcosa che ha un suo fondamento concreto.
Tra questi vi può essere anche una figura atipica definita come **difensore della vittima**. Questi si differenzia dagli altri perché prende le difese della persona che viene offesa e umiliata all'interno della classe, talvolta cercando di far cessare le prepotenze nei suoi riguardi, quindi intervenendo direttamente, altre volte invece intervenendo dopo i fatti, consolando la vittima.

Quand'è che il bullo riesce a proporsi come leader carismatico rispetto al gruppo?

Tale domanda sembra trovare risposta in particolare in relazione ai seguenti due elementi:
- quando i valori che propone e i comportamenti di cui si fa paladino concorrono con quelli del gruppo nel quale è inserito;
- quando riesce a fondare il proprio potere su due elementi storici ovvero la paura che riesce ad esercitare sugli altri e l'ammirazione che riesce a ricevere da parte degli altri.

Il bullo, inoltre, deve avere la capacità di presentarsi come soggetto in grado di risolvere i vuoti normativi che si presentano a livello istituzionale, i momenti (bisogni) di incertezza che spesso accompagnano la vita di un gruppo (formale ed informale). Il fatto che il bullo riesca a porsi come risolutore dei momenti di vulnerabilità, che attraversano la vittima nel senso più ristretto e la classe nel senso più ampio (gruppo), in cambio riceve dagli altri fiducia e sostegno. Tutti si identificano in lui e gli offrono ubbidienza, proprio perché il bullo è riuscito a risolvere situazioni relazionali o normative in cui le cose non sembravano più trovare il loro posto, una loro collocazione. Il gruppo gli è grato e riconoscente e lo acclama come leader, assecondandolo.

D'altro canto la vittima in questo contesto ha il ruolo di capro espiatorio sul quale ricadono le debolezze, le tensioni, le negatività che sempre attraversano qualsiasi microcosmo.

In generale ad essere identificata con vittima è la persona che maggiormente si discosta dalla media dei comportamenti del gruppo, ovvero colei che nei momenti di tensione e di vuoto normativo non si è associata con quello che è lo stratagemma risolutivo voluto dal bullo.

Discostandosi la vittima mette in crisi la compattezza e l'omogeneità del gruppo, proprio perché è qualcosa di diverso che non si allinea alle aspettative e alle attese del gruppo stesso.

Queste componenti di ansietà e di insicurezza, che rappresentano una minaccia per la compattezza del gruppo e per la stabilità della sua identità, vengono convogliate sulla persona considerata "diversa".

La vittima viene scelta dal gruppo oppure si propone ad esso, poiché è essa stessa ad accentuare la sua diversità.

Il bullismo, infatti, non è mai soltanto una relazione che interessa due soggetti ma può essere analizzato come fenomeno di gruppo.

In questo senso il bullismo prende varie forme, di inclusione o di esclusione, in relazione alle attenzioni che le condotte di bullismo assumono e svolgono all'interno del gruppo, ai tipi di vantaggi che ricevono i soggetti che le agiscono e al loro perdurare.

Vi sono quindi tutta una serie di modalità, manifestazioni del bullismo che possono essere in qualche modo lette in termini di inclusione, ovvero come condotta volta ad aumentare la coesione interna fra il gruppo e fra i membri del gruppo, compresa la vittima.

IV
Che cos'è il Bullismo telematico
di Gianandrea Serafin

Antefatto

Il bullismo è un fenomeno conosciuto fin dai tempi più remoti, ma è solo di recente, soprattutto in seguito ad una serie di eventi particolarmente esecrabili, che l'opinione pubblica e i media hanno iniziato ad interessarsene.

Si tratta prevalentemente di condotte che richiamano l'attenzione per la loro gravità e soprattutto per i danni, sia in termini materiali sia psicologici e sociali, che provocano.

Uno dei casi che suscitò maggiore indignazione nell'opinione pubblica, inoltre, fu quell'episodio che avvenne, nel maggio del 2006, in un istituto scolastico di Torino[2], quando un gruppo di quattro studenti di età compresa fra i tra i 16 e i 17 anni realizzò un video, poi caricato su Google Video (ora YouTube) l'8 settembre dello stesso anno, nel quale si vede un altro compagno di scuola, portatore di handicap, che viene insultato, deriso, spintonato e umiliato nella totale indifferenza dell'intera classe.

Le conseguenze furono gravissime non solo per la vittima e gli autori dell'episodio. Infatti dopo una lunga riunione durata fino a tarda sera il consiglio d'istituto decise di sospendere per 15 giorni tutti gli studenti presenti al momento dell'aggressione al giovane autistico[3].

---

[2]
http://www.corriere.it/Primo_Piano/Cronache/2006/11_Novembre/14/down.shtml
[3]
http://www.corriere.it/Primo_Piano/Cronache/2006/11_Novembre/18/vid

Inoltre il 24 febbraio 2010[4] l'insegnate e i dirigenti di Google Italia furono condannati in primo grado dal Tribunale di Milano a sei mesi di reclusione con la condizionale, la prima per non aver impedito i fatti, i secondi per aver permesso la pubblicazione del video in rete[5]. Il video, prima di essere rimosso, venne visto da oltre 5500 persone.
Si precisa che il caso in questione, conosciuto anche come Vividown – dal nome dell'associazione che ha depositato la denuncia – implicava infatti una violazione della privacy del ragazzo vittima di bullismo. Il problema legale riguardava l'eventuale responsabilità di Google (e quella penale dei suoi manager) che, secondo l'accusa, avrebbero dovuto vigilare sui contenuti ospitati sulle piattaforme dell'azienda (come YouTube) e accertarsi che tutti i protagonisti del filmato (tanto più se minorenni) avessero dato il consenso al trattamento dei dati personali.

Definire il Cyberbullismo

Il caso di cronaca poc'anzi descritto rappresenta uno dei più noti, ma di certo non rari, episodi di Cyberbullismo avvenuti in Italia negli ultimi anni.
Con il termine Cyberbullismo o bullismo online si vuole indicare quegli atti aggressivi ed intenzionali che vengono effettuati attraverso gli strumenti elettronici offerti dal web come SMS, MMS, foto, videoclip, e-mail, *chat room*, *istantant messaging*, siti web, blog, e telefoni cellulari.

---

eo.shtml
[4] http://www.corrierecomunicazioni.it/tlc/24917_google-italia-assoluzione-definitiva-sul-video-choc.htm
[5] Con la sentenza n. 5107 del 17 dicembre 2013 la Corte di Cassazione assolse definitivamente i tre manager di Google Italia, confermando la decisione della Corte d'Appello n. 8611del 21 dicembre 2012.

Il vocabolo deriva dal verbo inglese *cyberbullying* che fu coniato dall'educatore canadese Bill Belsey, già creatore del sito *www.bullying.org*.
Secondo quella che sembra essere opinione diffusa tra gli studiosi, infatti, «*oggi la tecnologia permette ai bulli di infiltrarsi nelle case delle vittime, di materializzarsi in ogni momento della loro vita, perseguitandole con messaggi, immagini, video offensivi, inviati con i videotelefonini o pubblicati su qualche sito con l'ausilio di Internet*» (Pisano, Saturno, 2008).
Inoltre a quanto sembra emergere dalla letteratura in materia negli ultimi tempi si sono diffuse numerose e diverse forme di Bullismo perpetrato *online*. Tuttavia nell'uso comune il termine *cyberbullying* viene utilizzato spesso indifferentemente per comprendere tutte queste condotte.
Il dato forse più preoccupante è che con la diffusione delle nuove tecnologie digitali, a differenza di un tempo, viene consentito al bullo di invadere la privacy della vittima 24 ore su 24.
Infatti secondo alcune stime recenti oggigiorno c.a. il 34% degli atti di bullismo avviene *online*[6], ed è bene ricordare che anche se si presenta in una forma che può essere estremamente diversa, anche quello su internet è bullismo.
Si pensi, ad esempio, che sotto il profilo psicologico far circolare foto o inviare e-mail offensive può essere molto dannoso per le potenziali vittime, spesso anche più di un'aggressione fisica.
In Inghilterra, infatti, è stato evidenziato come nel corso degli ultimi anni, circa 1 ragazzo su 4, tra gli 11 e i 19 anni sia stato minacciato od abbia subito vessazioni e prevaricazioni da parte di un bullo via *e-mail*, con l'invio di SMS od altri strumenti elettronici.
In Italia, secondo alcune ricerche sul fenomeno del bullismo in generale, oltre il 24% degli adolescenti subisce prevaricazioni, offese o prepotenze, spesso accentuate e favorite proprio dagli strumenti tecnologici[7].

---

[6] http://it.wikipedia.org/wiki/Cyberbullismo
[7] http://it.wikipedia.org/wiki/Cyberbullismo

Le differenze tra bullismo e cyberbullismo

Rispetto al Bullismo tradizionale l'uso dei mezzi elettronici conferisce al Cyberbullismo alcune caratteristiche fondamentali. Si tratta di nuove forme di prevaricazione che si sviluppano in rete e che sempre più spesso possono sfociare in comportamenti antigiuridici, di violazione delle norme di carattere penale o relative alla *privacy*[8] delle persone che possono comportare gravi sanzioni sia sul piano amministrativo sia penale.
Si tratta di aspetti peculiari della rete quali:
- **Anonimato del molestatore**: nella realtà del Cyberbullismo l'anonimato può essere solo illusorio visto che ogni interazione elettronica lascia comunque delle tracce "digitali". Nonostante ciò però appare abbastanza evidente come per la vittima sia difficile risalire, da sola, all'identità del molestatore, trattandosi in alcuni casi anche di una persona ad essa totalmente sconosciuta o con cui ha avuto solo relazioni "digitali";
- **Diffusione e assenza di limiti spazio-temporali**: se da un lato il Bullismo tradizionale è solitamente circoscritto nello spazio (basti pensare ad esempio al contesto scolastico, all'autobus, o ad altri luoghi di aggregazione) il Cyberbullismo può investire la vittima ogni volta che si collega al *web* ed il materiale può essere condiviso, divulgato e fruibile dagli internauti di ogni parte del Mondo: restando, di fatto, accessibile e presente *online* per sempre;
- **Indebolimento delle remore etiche**: contrariamente al Bullismo tradizionale, dove è facile riscontrare una media disinibizione sollecitata dalle dinamiche del gruppo classe

---

[8] Cfr. Decreto Legislativo 30 giugno 2003, n. 196 *"Codice in materia di protezione dei dati personali"*.

e dai meccanismi di disimpiego morale[9], nel Cyberbullismo si evidenzia una elevata disinibizione: i bulli, infatti, tenderebbero a fare online ciò che non farebbero o direbbero mai nella vita reale;
- **Presunzione di invisibilità e/o d'impunità:** se nel bullo tradizionale il bisogno di dominare e prevaricare è correlato alla sua visibilità e tangibilità, allo stesso tempo il cyber-bullo preferisce usare la sua apparente invisibilità (la cui vera identità è nascosta dietro degli *avatar* virtuali) per esprimere potere e dominio conscio di non essere riconoscibile dalla vittima. Si tratta ovviamente di una mera presunzione di invisibilità, perché come è evidente ogni computer lascia delle tracce digitali evidenti con cui è possibile, mediante strumenti informatici, risalire al soggetto che commette questi illeciti;
- **Assenza di *feedback* tangibili:** nel bullismo vi è la presenza di *feedback* tangibili da parte della vittima ai quali il bullo non presta attenzione (mancanza di empatia), vi è quindi una consapevolezza cognitiva ma non emotiva. Nel Cyberbullismo, invece, vengono a mancare i *feedback* tangibili che possono ostacolare nel bullo la comprensione della sofferenza provata dalla vittima, favorendo di fatto la totale assenza di ogni possibilità di empatia;
- **Negazione delle responsabilità:** se nell'ambito del Bullismo tradizionale sono facilmente riscontrabili forme di deresponsabilizzazione (*"Non è colpa mia"*, *"Non sono stato io"*, *"Se l'è cercato lui/lei"*, ecc), nel Cyberbullismo

---

[9] Le *tecniche di neutralizzazione* sono espressioni linguistiche, o vocabolari motivazionali, con cui le persone tendono ad allontanare il senso di colpa che segue la commissione di un atto deviante. Si tratta di espressioni con cui il soggetto deviante riesce ad alleggerire i vincoli etici della norma violata, alla ricerca di una forma di giustificazione. Sono veri e propri meccanismi di difesa come ad esempio il diniego delle responsabilità o la minimizzazione del torto (Serafin, 2012).

possono essere presenti veri e propri processi di depersonalizzazione. Si tratta di particolari dinamiche sociali devianti che spingono i cyber-bulli ad attribuire le conseguenze delle proprie azioni ad alter ego virtuali, così da cercare di farla franca alleggerendo la propria posizione.

Un ruolo estremamente importante è rivestito anche dai cosiddetti "attori in gioco". Infatti se nel Bullismo tradizionale solo il bullo, il gregario o il bullo-vittima (la vittima provocatrice) possono agire le prepotenze nei confronti della vittima, nel Cyberbullismo chiunque, anche chi è stato vittima nella vita reale (o ha un basso potere sociale) potenzialmente potrebbe, sfruttando l'anonimato della rete, diventare uno spietato cyber-bullo.
Nell'ambito del Bullismo tradizionale, poi, gli spettatori sono quasi sempre presenti, ed osservano le prevaricazioni verso una vittima conosciuta senza però intervenire. Nel Cyberbullismo, invece, il pubblico può essere presente o anche non esservi, può conoscere la vittima o ignorarne totalmente l'identità. Se sono presenti degli spettatori possono essere attivi – ad esempio quando scaricano il materiale dalla rete, lo commentano/votano o lo diffondono – o passivi, se si limitano a rilevare nelle e-mail, sms, ecc. atti diretti da altri. Il contributo attivo può essere fornito su sollecitazione del cyber-bullo, mediante forme di reclutamento volontario, oppure su spinta autonoma, nel reclutamento involontario.

La storia di Amanda Todd[10]

La triste storia di Amanda Todd cominciò il 10 ottobre 2012, alle ore 06.00 c.a., nella sua casa di Port Coquitlam vicino a

---

[10] http://it.wikipedia.org/wiki/Caso_Amanda_Todd

Vancouver, nella British Columbia, in Canada. Amanda Michelle Todd quando decise di suicidarsi in quell'ottobre del 2012 era una ragazza di soli quindici anni.
Qualche giorno prima del suo tragico epilogo il 7 settembre Amanda pubblicò su YouTube un video dal titolo *"My Story: Struggling, bullying, suicide and self harm"* ("La Mia Storia: lotta, bullismo, suicidio e autolesionismo"), in cui attraverso una serie di bigliettini raccontava la sua esperienza di vittima e del cyberbullismo. In pochissimo tempo il video fece il giro del Mondo e divenne virale, attirando anche l'attenzione dei media internazionali.
Amanda era nata a Port Coquitlam il 27 novembre 1996 e frequentava la classe decima (corrispondente alla II superiore italiana) presso la scuola secondaria CABE di Coquitlam, un istituto con programmi di studio alternativi a didattica individuale, dedicato a studenti che hanno problemi di apprendimento e che non riescono a frequentare le scuole tradizionali.
Tutto iniziò durante il secondo anno di scuola media quando, durante una conversazione in chat, sarebbe stata convinta da un estraneo a fare una foto del suo seno nudo per poi inviargliela. Questo individuo in seguito l'avrebbe poi ricattata, minacciando di mostrare la foto in topless ai suoi amici a meno che lei non si fosse mostrata a seno nudo anche in un video. Durante il successivo periodo natalizio la polizia bussò a casa Todd per informare la famiglia che una foto di Amanda in topless stava circolando in rete.
Questo episodio traumatizzò fortemente Amanda provocando nella ragazza ansia, depressione acuta e pesanti attacchi di panico. Anche se la sua famiglia cercò di aiutarla, cambiano persino città, la ragazza cominciò a fare uso di alcool e droghe.
Dopo circa un anno su *Facebook* venne creato, dalla persona che la ricattò, un falso profilo di Amanda, utilizzando come *avatar* la fotografia del suo seno.
Il *cyber-stalker* riprese a perseguitare la ragazza al punto da contattare persino i suoi nuovi compagni di classe. Amanda si

trovò nuovamente a dover cambiare scuola per cercare di rifarsi una vita.

L'uomo[11] arrivò persino a convincerla ad avere rapporti sessuali con lui, mentre la sua fidanzata era in vacanza. Al rientro dalle vacanze la donna assieme ad un amico e ad un gruppo di altri ragazzi decisero di aggredire Amanda all'uscita dalla scuola. In seguito a questo episodio la giovane tentò il suicidio ingerendo della candeggina, riuscendo tuttavia a salvarsi grazie all'intervento tempestivo dei soccorsi.

Poco tempo dopo il suo ritorno a casa vennero pubblicati su *Facebook* commenti offensivi su Amanda e sul suo tentativo di suicidio. La famiglia Todd, quindi, fu costretta a trasferirsi nuovamente in un'altra città. Sei mesi più tardi ulteriori messaggi offensivi furono pubblicati sui *social network*.

In seguito a questi ulteriori eventi negativi la condizione psicologica della giovane peggiorò e Amanda, nonostante fosse seguita da un psicologo e in cura farmacologica, arrivò a compiere atti di autolesionismo ed ebbe persino un'overdose di medicinali.

Dopo la morte della ragazza il video ricevette in poco tempo oltre 9.630.393 visualizzazioni, e il suo link fu presente in centinaia di siti web di testate giornalistiche di tutto il mondo.

La *Royal Canadian Mounted Police* e la *British Columbia Coroners Service* avviarono delle indagini sul suicidio.

Persino il Governatore della *British Columbia*, Christy Clark, si interessò della faccenda ed espresse il suo personale cordoglio alla famiglia di Amanda e suggerì un dibattito nazionale sull'introduzione del reato di cyberbullismo.

In seguito venne anche presentata una mozione alla *House of Commons* del Canada per proporre uno studio sul bullismo nel

---

[11] La vicenda fece così tanto scalpore da attirare anche l'attenzione di *Anonymous* e qualche tempo dopo i fatti venne pubblicato il nome del presunto *cyber-stalker* di Amanda, Cfr. http://www.panorama.it/mytech/anonymous-nome-stalker-amanda-todd/

Paese e per concedere maggiori finanziamenti alle organizzazioni antibullismo.
La sig.ra Carol, madre di Amanda, in ricordo della figlia fondò l'*Amanda Todd Trust* per raccogliere donazioni a favore della lotta e della sensibilizzazione sociale contro il fenomeno del bullismo e per il finanziamento di programmi di sostegno per i giovani con problemi di salute mentale.
Nel gennaio 2014, nell'ambito di una operazione internazionale (che coinvolge numerose vittime in Olanda, Regno Unito e Canada) volta al contrasto della pedopornografia online, la polizia olandese arrestò un uomo di 35 anni, incriminandolo per abuso sessuale e pedopornografia. In seguito emerse che questa stessa persona era anche accusata di estorsione, adescamento online, molestie, possesso e distribuzione di materiale pedopornografico per le sue presunte attività ai danni di Amanda Todd e altre vittime.

La storia di Megan Meier

Megan Taylor Meier (1992-2006) era una ragazza statunitense, e divenne famosa per essere stata una delle principali vittima del cyberbullismo.
Megan amava il nuoto, la musica rap, i cani ed i ragazzi educati, tuttavia non ebbe un'infanzia facile. Infatti era alta circa 1,67 m. e pesava 95 kg: questo la obbligava ad una serie di diete ferree che la resero triste e taciturna.
Le venne anche diagnosticata la Sindrome da deficit di attenzione e iperattività ed una sindrome depressiva abbastanza acuta.
Questa storia, già tristemente nota, è accaduta nel Missouri nel 2006, e comincia con un litigio tra teenager, Megan Meier e una sua amica e vicina di casa, entrambe tredicenni.
La vicina di casa di Megan raccontò l'accaduto alla propria madre, la quarantanovenne Lori Drew, che decise di organizzare una terribile vendetta contro la ragazza.

Megan aprì un account su MySpace, e nel sito ricevette un messaggio da un certo "Josh Evans". Josh asseriva di essere un ragazzo di sedici anni, carino e simpatico, irresistibilmente attratto da lei. Egli, inoltre, affermava di vivere in un paese chiamato O'Fallon, di essere uno studente e di non possedere un numero telefonico personale.

Il 16 ottobre del 2006 Josh cambiò tono nei confronti di Megan e le scrisse frasi ingiuriose del tipo: *"Tutti sanno chi sei"*; *"Sei una persona cattiva e tutti ti odiano"*; *"Che il resto della tua vita sia schifosa"*; *"Megan è una prostituta"*; *"Megan è grassa"* e *"Il mondo sarebbe un posto migliore senza di te"*.

Disperata da questo cambio repentino di umore, la ragazza si tolse la vita impiccandosi in camera sua.

Solo in seguito venne scoperto che Josh Evans non esisteva, poiché ad inventarsi questo personaggio erano stati due vicini di casa di Megan ed in particolare una signora di nome Lori Drew. A scoprirlo fu un'altra vicina di casa, che ammise anche le responsabilità della propria figlia rea, a suo dire, di aver mandato l'ultimo infamante messaggio.

In seguito alle indagini effettuate dalla polizia per scoprire i responsabili della morte di Megan, il 15 maggio 2008, un Grand Jury federale dispose il rinvio a giudizio di Lori Drew per aver commesso reati quali l'accesso non autorizzato a reti informatiche protette al fine di ottenere informazioni necessarie a provocare disagio emozionale a terzi, e la cospirazione per commettere un reato.

Il 16 novembre 2008 Lori Drew venne giudicata colpevole in merito al primo capo d'accusa, l'accesso non autorizzato a computer protetti, che però fu derubricato a reato lieve (*misdemeanor*) rispetto all'originale imputazione di crimine aggravato (*felony*), mentre per il secondo crimine, la cospirazione, la giuria popolare non fu in grado di raggiungere un verdetto unanime ed il reato venne archiviato.

L'eco mediatico del caso ebbe tuttavia mosse numerose giurisdizioni locali e statali negli Stati Uniti, nonché il Governo

Federale, così da arrivare a rivedere i codici penali per inserirvi il reato di molestie tramite Internet.

Alcune riflessioni

In tema di Cyberbullismo appare doveroso quanto estremamente opportuno fare alcune, seppur brevi, riflessioni sul tema della diffusione delle informazioni personali in rete: in pratica il cosiddetto "**diritto all'oblio**".
È evidente come nelle due storie appena narrate si possa evincere l'importanza di una maggior tutela delle informazioni personali che circolano sul *web*. Che si tratti di particolari dati personali, di video o di fotografie (soprattutto se intime) bisogna ricordare che ciò che viene inserito in rete li vi rimarrà per sempre.
Possiamo, altresì, evidenziare come il fatto di condividere con "leggerezza" informazioni personali, che ai più potrebbe apparire quasi scontato o banale, in realtà si rivela essere una abitudine rischiosa che potrebbe provocare persino effetti dannosi sulla reputazione personale, spesso provocati da un uso malevolo o dall'intenzionale diffusione di notizie false o pretestuose sul *web* con il fine di screditare, deridere o ricattare la persona.
Verrebbe sul punto da pensare che forse non sarebbe affatto peregrino pensare di regolamentare maggiormente, soprattutto sul piano giuridico, quello che da alcuni è stato definito come "diritto all'oblio". Ovvero quel diritto della persona di chiedere, e ottenere, la rimozione dalla rete di tutti quei dati o quelle informazioni che la riguardano e che potrebbero costituire fonte di danni, come abbiamo visto, spesso irreparabili.
Si tratta ovviamente di un tema molto più complesso e che in queste poche righe abbiamo solo voluto accennare, consapevoli che in un futuro, si spera recente, sarà sicuramente fonte di accesi dibattiti e magari anche oggetto di una più attenta produzione giuridico-normativa.

V
Che cos'è l'identità sessuale
di Valeria Lupidi

Davide, un ragazzo di 15 anni, si è tolto la vita impiccandosi con una sciarpa nella propria abitazione. Una vera tragedia alla base della quale ci sarebbero le continue discriminazioni da parte dei compagni di scuola per la sua omosessualità. L'ultimo episodio, che potrebbe aver indotto il ragazzino al terribile gesto, la creazione di una pagina Facebook nella quale egli veniva deriso per i suoi gusti sessuali (Roma, novembre 2012).

L'identità sessuale, detta anche caratterizzazione sessuale, descrive la dimensione soggettiva del proprio essere sessuati e risponde ad una esigenza di classificazione e stabilità anche se contiene elementi di incertezza essendo l'esito di un processo costruttivo influenzato dall'interazione tra aspetti biologici, psicologici, educativi, culturali e sociali.
Le attuali teorie della sessualità, proprio in una prospettiva multifattoriale, considerano l'identità sessuale un costrutto costituito da quattro distinte componenti:
- il **sesso biologico**, cioè l'appartenenza biologica al sesso maschile o femminile che è determinata dai cromosomi sessuali;
- l'**identità di genere**, che indica l'identificazione primaria della persona come maschio o femmina, è la percezione della propria femminilità o mascolinità e sembra essere una caratteristica stabile della personalità, la cui consapevolezza risale all'infanzia;
- il **ruolo di genere**, ovvero l'insieme di aspettative e ruoli su come gli uomini e le donne si debbano comportare in

una data cultura e in un dato periodo storico. È quindi l'espressione esteriore dell'identità di genere, che riflette gli stereotipi dominanti in una determinata cultura, società e periodo storico;
- **l'orientamento sessuale**, cioè l'attrazione affettiva e sessuale verso una persona e comprende sia una parte affettiva (insieme di sensazioni e di preferenze), che una parte di comportamento sessuale (insieme di pratiche e atti sessuali). Si parla di orientamento eterosessuale quando l'attrazione riguarda una persona di sesso diverso, orientamento omosessuale quando l'attrazione è rivolta a persone dello stesso sesso e di orientamento bisessuale quando l'attrazione riguarda sia persone dello stesso sesso, che persone del sesso opposto. L'orientamento sessuale non è dicotomico, ma si estende lungo un *continuum* che va dall'eterosessuale esclusivo all'omosessuale esclusivo, passando per gli stadi intermedi che prevedono un orientamento prevalente verso un polo o l'altro con alcuni atteggiamenti in senso contrario, occasionali o meno.

Andiamo ora ad approfondire ulteriormente tali componenti. Come evidenziato l'identità di genere è la convinzione individuale di base di essere un maschio o una femmina e si definisce in un periodo che va dalla nascita fino ai tre anni di età circa.
Il processo in base al quale un ragazzo si percepisce maschio ed una ragazza si percepisce femmina è influenzato non solo dalle predisposizioni biologiche, ma anche dall'apprendimento sociale.
L'identità di genere è pertanto una delle componenti essenziali del processo di costruzione dell'identità e può esprimersi con vissuti e comportamenti corrispondenti o non corrispondenti al sesso biologico. È quindi l'opinione che ognuno ha di se stesso in quanto appartenente ad un sesso o all'altro, indipendentemente dal ruolo sessuale che presenta agli altri. Dunque essa è l'accettazione della propria natura biologica di maschio o

femmina, la consapevolezza di appartenere al sesso maschile o femminile.

L'identificazione primaria di genere è quasi sempre in linea con il proprio sesso biologico anche se, occasionalmente, vi sono ragazzi che crescono con la convinzione di essere femmine e viceversa (transessuali)[12].

Il ruolo di genere (o ruolo sessuale) invece costituisce un insieme di caratteristiche culturalmente associate agli uomini o alle donne. Secondo le regole culturali infatti ci si aspetta che gli individui si comportino in maniera socialmente conforme al loro sesso biologico, quindi che i maschi agiscano in modi percepiti come mascolini e le femmine in quelli percepiti come femminili. L'insieme di caratteristiche che definiscono ciò che è appropriato per una femmina o per un maschio è frutto di un insieme di comportamenti ed evidenze che riguardano l'apparenza fisica, i gesti, la personalità, il linguaggio ecc.

Ogni comportamento è quindi "tipicizzato" per genere anche se le società nel tempo mutano i criteri di adeguatezza[13]. Con il

---

[12] Il termine "transessuale" può indicare le donne e gli uomini che hanno iniziato o concluso un percorso di riattribuzione del genere cosicché l'aspetto corporeo sia congruente con l'identità di genere. Nel caso si ravvisino le condizioni psicologiche e fisiche adeguate, una persona può quindi accedere a interventi chirurgici o trattamenti ormonali per l'adeguamento al genere. Il termine allargato *"transgender"*, entrato in voga negli anni ottanta, indicava persone transessuali che non si erano sottoposte ad un adeguamento chirurgico del genere; attualmente è utilizzato per indicare tutte quelle persone (travestiti, transessuali, *"drag queen"*, ecc.) che vivono uno stato di alterazione, di repulsione e/o di non conformità con il proprio sesso biologico e che hanno attraversato la linea che divide i generi attraverso il vestiario o il comportamento.

[13] Ad esempio fino a pochi decenni fa in Italia era "inappropriato" che una donna fumasse in pubblico. Oggi tale atteggiamento non suscita alcuna riprovazione. O ancora, nella nostra società una donna corpulenta, con scarsa igiene personale, che beve alcol ed usa un linguaggio scurrile è probabilmente percepita come meno femminile di altre donne ed analogamente, un uomo che gesticola eccessivamente, o appassionato di moda, o ancora troppo insicuro o troppo sensibile è probabilmente percepito meno virile di altri uomini.

concetto di ruolo di genere si intende quindi tutto ciò che una persona dice o fa per mostrare di avere lo status di uomo o donna. Ciò include, ma non solo, la sessualità intesa nel senso dell'erotismo.

Il ruolo di genere, solitamente, viene valutato in relazione ai seguenti elementi: manierismi, comportamento, atteggiamento, preferenza negli interessi, argomenti scelti spontaneamente come temi di conversazione, commenti casuali, contenuto onirico, fantasie, pratiche erotiche e così via[14].

La formazione del ruolo di genere avviane abitualmente in un periodo che va dai tre ai sette anni. Mascolinità e femminilità tendono ad essere bipolari: un individuo esprime mascolinità a spese della femminilità e viceversa.

Conseguenza di tutto ciò è che gli atteggiamenti che deviano degli stereotipi di maschio o femmina sono considerati inappropriati. Significativo inoltre è anche il fatto che da studi empirici emerge uno stereotipo nello stereotipo: la società tollera maggiormente la deviazione dal ruolo di genere nelle donne piuttosto che negli uomini; questo atteggiamento è visibile nell'educazione da parte dei genitori in cui un bambino "femminuccia" è più rimproverato rispetto ad una bambina che fa il "maschiaccio"[15].

Dunque il ruolo di genere è la percezione che il proprio comportamento sia conforme alle definizioni sociali di femminilità e mascolinità.

Altra cosa ancora è, come abbiamo visto, l'orientamento sessuale, definito come l'attrazione fisica ed affettiva per una persona di sesso diverso, persone dello stesso sesso o per entrambi.

Gli studi di settore hanno messo in evidenza la molteplicità degli aspetti che costituiscono l'orientamento sessuale operando una prima distinzione tra orientamento sessuale, inteso come insieme di sensazioni e preferenze, e comportamento sessuale che

---

[14] Tratto da: http://www.cpsico.com/identità_sessuale.htm
[15] È poi interessante notare come anche nell'individuazione delle parole si tenda ad utilizzare un suffisso dispregiativo.

descrive pratiche e atti sessuali. Inoltre, la stessa definizione di orientamento sessuale comprende due aspetti, quello affettivo e quello erotico[16].

Allora, in una prospettiva multidimensionale, l'orientamento sessuale è costituito da una molteplicità di componenti: l'identificazione di sé, il comportamento, le fantasie, il coinvolgimento affettivo, l'attuale stato relazionale. Tutte queste componenti possono anche non andare nella medesima direzione e subire mutamenti nel tempo.

In conclusione possiamo, quindi, affermare che l'identità sessuale è quel processo nel quale il sesso biologico, i valori culturali e quelli personali annessi alla sessualità influenzano le percezioni di sé e i comportamenti del bambino – l'individuo prende coscienza dell'identità sessuale tra i 18 mesi e i tre anni di vita – e, in futuro, dell'adulto. Il coincidere dell'identità di genere, col ruolo di genere ed il sesso biologico porta al concetto di "egosintonia"[17] e ciò vale prioritariamente, ma non esclusivamente, per l'eterosessualità.

---

[16] Alcuni studiosi aggiungono un ulteriore elemento: la partecipazione sociale al proprio gruppo di riferimento, infatti una donna ad esempio può sentirsi e autodefinirsi "lesbica" sulla base non solo della sua esperienza affettiva ("mi innamoro di donne") o sessuale ("ho rapporti sessuali con donne") ma anche sulla base di un coinvolgimento più collettivo ("mi sento parte della comunità lesbica").

[17] In psichiatria si dice egosintonico un qualsiasi comportamento, sentimento o idea che sia in armonia con i bisogni e desideri dell'Io, o coerente con l'immagine di sé del soggetto.

VI
Che cos'è il bullismo omofobico
di Valeria Lupidi

A scuola lo tormentavano da un anno e mezzo dicendogli che era gay, insultandolo e prendendolo in giro, e lui, uno studente di 16 anni di un istituto tecnico di Torino, racconta oggi il Corriere della sera, non ce l'ha fatta più e si è ammazzato piantandosi un coltello nel petto e buttandosi dal quarto piano di casa (Torino, 2007).

L'omofobia[18]

Fino al secolo scorso studiato come patologico e stigmatizzato come deviante, il comportamento omosessuale è oggi considerato dalle scienze (biologiche, psicologiche, sociali) una variante normale della sessualità, dell'affettività e del desiderio.
Sull'attrazione per le persone del proprio sesso molti studiosi, gli psicoanalisti in particolare e più recentemente biologi e genetisti, hanno cercato di indagare le cause, ma nessuno ha trovato una risposta definitiva, o quantomeno convincente. Non sappiamo infatti come le forze biologiche, la genetica, la regolazione affettiva nelle relazioni primarie, le identificazioni, le pressioni culturali alla conformità e il bisogno di adattamento contribuiscano alla formazione del soggetto e alla costruzione della sua sessualità (Lingiardi 2007).

---

[18] Si può definire l'omofobia in termini di fastidio, paura, intolleranza e ostilità verso le persone omosessuali o tutto ciò che concerne l'omosessualità (Weinberg, 1972).

Peraltro, se le pratiche e gli affetti omosessuali sono sempre esistiti, il modo di nominarli, organizzarli e valutarli è storicamente e culturalmente diverso. Nel corso della storia l'omosessuale è transitato dalla giurisdizione morale (lecito/illecito) a quella scientifica (sano/malato) fino a quella politica (soggetto di diritto).
L'omosessualità non è una categoria mentale, essere gay o lesbiche non è né un merito né un demerito: è una cosa che capita e può capitare in tutte le famiglie. Ciò che può assumere connotazioni culturali o psicologiche è semmai il modo in cui ciascun soggetto esprime o nasconde la propria omosessualità.
Che l'omosessualità non è una patologia cominciò ad essere accettato dal 1973 quando l'*American Psichiatric Association* (APA) modificò il Manuale Diagnostico e Statistico delle malattie mentali (DSM) eliminando la diagnosi di "omosessualità egosintonica" cioè l'omosessualità non vissuta come traumatica e accettata dal soggetto. Nel 1987, poi, venne abolita anche la diagnosi di "omosessualità egodistonica" dove l'orientamento omosessuale è indesiderato e vissuto in modo conflittuale. Viene così riconosciuto il legame tra la non accettazione del proprio orientamento sessuale e l'interiorizzazione dell'ostilità sociale "omofobia interiorizzata".
Dopo avere abbandonato lo studio dell'omosessualità come patologia, la comunità scientifica ha rivolto la sua attenzione alla ricerca sugli atteggiamenti e i pregiudizi antiomosessuali.
Con il termine omofobia, coniato nel 1972 dallo psicologo George Weinberg – oggi in parte superato e sostituito nella letteratura scientifica con il termine omonegatività, più rispondente al fatto che la discriminazione antiomosessuale non assume la forma clinica di una fobia, ma è riconducibile ad un atteggiamento cognitivo e relazionale – si definisce il timore, l'avversione o l'odio irrazionali nei confronti delle persone gay e lesbiche (omofobia esterna), nonché il sentimento di disprezzo o inferiorità che alcune persone gay o lesbiche provano nei confronti di se stesse (omofobia interiorizzata).

A questo punto è necessaria una ulteriore riflessione sul senso e significato del termine omofobia nella sua prima formulazione, intesa, come abbiamo detto, come la paura di stare vicino a una persona omosessuale, infatti, analizzando la fenomenologia degli atti, la parola da alcuni studiosi, Rajal e Stokes nel 1998, è stata ritenuta riduttiva e poco corretta e inoltre lo stesso Kenneth Smith, che ha coniato il termine, ne parla come una forma atipica di fobia, riferita ad una costellazione di reazioni fisiologiche e psicologiche involontarie alla presenza di omosessuali, un po' come avviane per tutte le altre forme di fobia specifica, dove la vicinanza dell'oggetto fobico (l'autore porta come esempio l'aracnofobia) scatena questo insieme riflesso di azioni (Fontanella, 2014). Ma in questo caso si è in presenza di un ulteriore atipicità. Lingiardi sottolinea che l'omofobia viene considerata una forma atipica di fobia in quanto molti comportamenti e affermazioni ritenuti omofobi non vengono basati sulla paura o sull'imbarazzo, ma sul pregiudizio e la disapprovazione (Lingiardi 2007). Da questo si può dedurre che il termine omofobia di per sé non solo è improprio ma anche fuorviante. L'atteggiamento omofobico infatti, non rientra nel quadro nosologico delle fobie. Se facendo riferimento ad una qualsiasi di esse, ad esempio la già citata aracnofobia, si osserva che i molteplici comportamenti attuati sono incentrati sul rigetto e sulla fuga dall'oggetto omofobico e solo incidentalmente si osservano azioni tese contro l'oggetto stesso. L'aracnofobo in pratica, non pianifica e organizza attacchi verso i ragni. Nell'omofobia invece le azioni mosse dal pregiudizio e dalla disapprovazione richiamano altri contesti e non certo i quadri clinici propri dei disturbi fobici.
Un'ultima riflessione va poi fatta sul linguaggio utilizzato da adulti e, sempre più spesso, anche da adolescenti. Si assiste infatti sempre con maggiore frequenza e "normalità" all'utilizzo di un linguaggio omofobico correntemente usato per scherzare o per offendere nel litigio più banale, mentre in molti contesti scolastici l'etichetta denigratoria di "frocio" o "lesbica" è adoperata per escludere chi, al di là dell'orientamento sessuale, viene percepito

come diverso rispetto alle aspettative di genere, configurando veri e propri casi di bullismo omofonico.

Il bullismo omofobico

Sono stato preso di mira dai ragazzi più grandi, finiti nella mia classe per bocciature varie e ogni giorno erano insulti, derisioni pubbliche verbali e fisiche come il tenermi fermo per mimare un rapporto sessuale. Andavano dalle semplici offese verbali a sputi e calci, fino a simulazioni di violenza sessuale su di me, nei corridoi delle scuole e negli spogliatoi. Mi prendevano la testa e la spingevano contro i loro genitali al grido di «succhia frocio». Mi urinavano addosso come se nulla fosse. Danneggiavano costantemente il mio materiale scolastico che veniva buttato nel gabinetto. E verso metà del quinto anno siamo arrivati anche alle minacce di morte, che sono state la causa di un mio tentato suicidio e del mio successivo allontanamento dalla scuola.[19]

Come abbiamo visto ormai con sempre maggior frequenza la cronaca porta alla luce episodi di violenza tra pari che risulta difficile far rientrare nella generica definizione di bullismo e che richiedono una lettura più approfondita poiché chiamano in causa un fenomeno largamente diffuso tra gli adolescenti, ma del quale difficilmente si parla.

Il bullismo omofobico è stato definito da Platero e Gomes, (2007) come: «*quei comportamenti violenti a causa dei quali un alunno o un'alunna viene esposto ripetutamente ad esclusione, isolamento, minaccia, insulti e aggressioni da parte del gruppo dei pari, di una persona o più persone che stanno nel suo ambiente più vicino, in una relazione asimmetrica di potere, dove gli aggressori o "bulli" si servono dell'omofobia, del sessismo e dei valori associati all'eterosessismo. La vittima sarà squalificata e deumanizzata, e in generale, non potrà uscir fuori da sola da questa situazione, in cui possono trovarsi tanto i giovani gay, lesbiche, transessuali o*

---

[19] Tratto da: http://www.rainbowproject.eu/research/Italy_it.pdf

bisessuali, ma anche qualunque persona che sia recepita o rappresentata fuori dai modelli di genere normativi»[20].

Le forme differenti che il fenomeno assume vanno quindi dai comportamenti di tipo verbale alle violenze fisiche: derisioni, insulti, prese in giro, scritte sui muri o esclusione dal gruppo di pari, fino ad arrivare a violente prepotenze.

L'aspetto ulteriormente allarmante del bullismo omofobico, evidenziato dalla, seppure scarsa, letteratura sull'argomento, è che la dinamica di sopraffazione propria di tale fattispecie non è diretta solo verso gay, lesbiche, bisessuali e transessuali, ma anche verso eterosessuali che escono fuori dagli schemi, adolescenti che si stanno interrogando sulla propria identità sessuale o persone che hanno amici, familiari o genitori omosessuali.

Alla base di tali comportamenti vi sono le comuni convenzioni radicate nella cultura e veicolate attraverso il linguaggio: le offese sono solitamente utilizzate non soltanto per definire la persona omosessuale, ma in generale per descrivere comportamenti poco accettati così che chiunque esca dagli schemi può essere etichettato perché non rispondente agli stereotipi culturali dominati.

Nel bullismo omofobico possiamo individuare caratteristiche proprie del bullismo classico, ma anche specificità. Elementi tipici di ogni tipo di bullismo sono la sistematicità, l'intenzionalità e la relazionalità; quest'ultima in particolare si manifesta attraverso l'asimmetria relazionale: negli episodi di bullismo omofonico, l'appartenenza o la non appartenenza alle stereotipo di genere dominate nel gruppo dei pari costituisce un fattore determinante. Oltretutto l'appartenenza al gruppo dominante, e quindi a ciò che viene considerato "normale" rende colui che prevarica in qualche modo più forte e sicuro di sé.

Al di là delle somiglianze vanno però messe anche in evidenza le specificità del bullismo omofobico la cui caratteristica principale è proprio nell'omofobia che tende ad agevolare i ruoli di

---

[20] http://www.sinapsi.unina.it/bullomof_bullismoomofobico

aggressore e di vittima grazie all'appoggio sociale. Infatti, alcuni degli elementi che contraddistinguono tale bullismo rispetto ad altre forme sono proprio la presenza invisibile dell'educazione formale piena di stereotipi di genere all'interno del sistema educativo, oltre al rifiuto familiare o la paura di un esplicito e specifico appoggio verso le sessualità minoritarie.

Per evidenziare ulteriormente le specificità del bullismo omofobico, occorre fare riferimento a Lingiardi (2009) quando sottolinea che:

- le prepotenze chiamano sempre in causa una dimensione nucleare del Sé psicologico e sessuale;
- la vittima può incontrare particolari difficoltà a chiedere aiuto agli adulti (teme di richiamare l'attenzione sulla propria sessualità con i relativi vissuti di ansia e vergogna ed il timore di deludere le aspettative dei genitori). Tra l'altro gli stessi genitori o gli insegnanti possono avere pregiudizi omonegativi da cui reazioni che variano dalla sottostima o negazione dell'evento, alla preoccupazione per la "anormalità" del bambino;
- il bambino vittima può incontrare difficoltà ad individuare figure di sostegno e protezione fra i suoi pari infatti il numero dei potenziali difensori della vittima si abbassa nel caso del bullismo omofobico perché "difendere un finocchio" comporta il rischio di essere considerati omosessuali.
- Il bullismo omofobico può assumere significati difensivi rispetto all'omosessualità infatti attraverso le azioni omonegative il bambino afferma il suo essere "normale" e la propria conformità di genere.

Un maggiore approfondimento della letteratura sul fenomeno ci permette anche di suddividere il bullismo omofobico in due sotto tipi: quello eteronormativo e quello basato sull'orientamento sessuale[21].

Il primo tipo riguarda l'insieme degli atteggiamenti, delle credenze e delle opinioni che tenderebbero alla rivendicazione dell'idea secondo la quale l'eterosessualità sia la sola, naturale, forma di sessualità; questo tipo di bullismo si basa prioritariamente sul concetto di eterosessismo (Herek, 2004). Invece il secondo sottotipo di bullismo tende a riferirsi unicamente all'omosessualità e riguarda l'esplicita situazione di prepotenza nei confronti di persone il cui orientamento omosessuale è noto collegandosi così direttamente ai concetti di omofobia e omonegatività.

Individuato a grandi linee il fenomeno, vediamo ora quali sono i suoi effetti e la sua incidenza a livello nazionale ed europeo. Purtroppo infatti, troppo frequentemente si tende a ritenere che aggressioni verbali o fisiche facciano parte della vita degli adolescenti etichettando tali comportamenti come "ragazzate" addirittura utili per temprare il carattere.

Invece, episodi di bullismo omofobico tendono a causare gravi danni sia a livello fisico che psicologico. Ma se i danni a livello fisico col tempo tendono a rimarginarsi, lo stesso non avviene per le difficoltà psicologiche che derivano dall'essere "bullato": un neologismo che nel linguaggio giovanile assume il significato di essere vittima di bullismo.

Le conseguenze dell'omofobia si manifestano prima di tutto nell'accentuarsi dell'omofobia interiorizzata che porta la vittima a sviluppare sensi di colpa e vergogna per gli episodi che subisce, la vittima allora tende a cercare una propria responsabilità per l'accaduto, sia a livello comportamentale – ritenendo di avere agito "male" – sia a livello disposizionale considerandosi ad esempio un "errore della natura". Tutto questo ha come conseguenza il crollo dell'autostima e predisposizione alla depressione. Inoltre le vittime subiscono ulteriori stress tendendo a rivivere mentalmente gli episodi di violenza subiti e rifiutandosi di andare a scuola.

---

[21] http://www.sinapsi.unina.it/bullomof_bullismoomofobico

Ma il non andare a scuola spesso non è sufficiente perché queste paure spesso continuano a tormentare le vittime anche fuori del contesto scolastico.

Per tali motivi la percentuale di abbandono scolastico da parte di vittime di bullismo omofobico è molto elevata e frequentemente preceduta da una diminuzione del rendimento scolastico.

Col passare del tempo la vittima tende sempre più all'isolamento, alla chiusura in se stessa, evitando di parlare di ciò che gli accade per il timore di ripercussioni qualora si dovesse diffondere la voce della sua vera o presunta omosessualità. Tali paure oltre ad essere un grande freno alla denuncia del fenomeno contribuiscono a creare una condizione di disadattamento che, nei casi estremi, porta la vittima al suicidio.

Considerando l'incidenza del fenomeno ed i connessi rischi, da qualche anno gli studiosi si sono concentrati su questo tipo di bullismo e sul suo effetto sul benessere psicofisico delle vittime. Gli studi presenti in letteratura trovano come punto centrale di riferimento, a livello teorico, il concetto di *minority stress*: ovvero uno stress psicosociale derivante dall'appartenenza ad uno status minoritario.

Meyer (1995) suggerisce, infatti, che le persone omosessuali, così come altri membri di gruppi minoritari, sono soggetti ad uno stress cronico, correlato alla loro stigmatizzazione. Tuttavia, se i membri di una comunità socialmente stigmatizzata, come ad esempio un determinato gruppo etnico, possono contare sull'appoggio familiare, la minoranza omosessuale non ha modelli positivi di riferimento e difficilmente trova sostegno nella propria famiglia, la quale può, addirittura, assumere atteggiamenti ostili e di rifiuto.

Le conseguenze del bullismo omofobico, però, non si rilevano soltanto nelle vittime, anche gli aggressori ne vengono colpiti. Il bullo, così come la vittima, mostra frequentemente un ridotto rendimento scolastico ed un isolamento rispetto al gruppo dei pari; inoltre, molti degli aggressori tendono a sviluppare in età adulta condotte delinquenziali e disturbi dell'umore. Infine, anche se in casi rari, anche i bulli corrono il rischio di suicidio.

Andando poi ad analizzare l'incidenza del fenomeno, questo si rileva come caratteristico dell'ambiente scolastico.

Gli studi ci dicono come nell'ambiente scolastico l'omofobia sia per la maggior parte degli studenti una presenza consapevole: il 94 % degli studenti ricorda di aver udito epiteti omofobici più di una volta nell'ambiente scolastico[22].

Dalla ricerca emerge inoltre che tali epiteti sono spesso pronunciati in presenza del personale scolastico, quindi di adulti che nella maggior parte dei casi hanno però evitato di intervenire nella situazione. Da tali dati è possibile rilevare poi che a fronte dell'aumentata conoscenza dell'omofobia negli ultimi anni, la sua presenza non sembra proporzionalmente diminuita.

Inoltre, una ricerca conoscitiva realizzata dall'Università Sapienza di Roma ha rilevato che l'8% degli studenti romani ha subito atti di bullismo omofonico, sale al 35% tra gli studenti omosessuali. La ricerca è stata effettuata attraverso la somministrazione di un questionario *on line* sul tema del bullismo omofobico, a cui hanno risposto 1745 studenti. Il 47% degli alunni ha poi dichiarato di sentire molto spesso espressioni omofobiche a scuola dai compagni, mentre il 25% le ha sentite dagli insegnanti. Infine rilevante è il dato che il 45% degli studenti che ha subito atti omofobici non ha mai chiesto aiuto[23].

I tratti del fenomeno: ambiente scolastico e gruppo dei pari

Appare qui doveroso rilevare che gran parte degli studi sul bullismo omofobico provengono dalla letteratura internazionale,

---

[22] www.laricerca.loescher.it/quaderno_08/sorgenti/assets/common/.../publication.pdf
http://www.sinapsi.unina.it/bullomof_bullismoomofobico
[23] Studio pubblicato in: http://www.orizzontescuola.it/bullismo-omofobico-nelle-scuole-roma-sondaggio-delluniversit-sapienza/

mentre in Italia le indagini conoscitive sul tema risultano essere ancora piuttosto rare.
Nonostante ciò dall'analisi emerge che esistono alcuni fattori che potrebbero arginare ed ostacolare il manifestarsi di episodi di bullismo omofobico: gli studi sul campo identificano fattori di importanza fondamentale quali l'ambiente scolastico ed il gruppo dei pari
Il primo è importantissimo in quanto influenza la formazione di atteggiamenti o pregiudizi. Inoltre i docenti, con il loro ruolo, hanno la possibilità di moderare la sensazione di esclusione vissuta dagli alunni omosessuali.
Altro fattore importante per la riduzione del fenomeno è, come evidenziato, il gruppo dei pari, il quale inevitabilmente tende ad influenzare le attitudini ed i comportamenti omofobici di ciascun membro del gruppo stesso. Infatti, i comportamenti omofobici solitamente vengono messi in essere da gruppi, ed in particolare da quelli nei quali si sostiene una gerarchia gruppale.
Ambiente scolastico e gruppo dei pari costituiscono quindi due fattori sociali con i quali è possibile lavorare sulle dinamiche omofobiche al fine di ridurre gli episodi di bullismo.
Accanto a queste dimensioni, altri studi hanno elencato fattori più prettamente personali come tratti di personalità e gli stili difensivi.
Per quanto attiene ai tratti, stili e disturbi di personalità si rileva che seppur con qualche differenza a seconda del contesto teorico in cui viene utilizzato, con il termine "tratto" possiamo intendere una modalità costante di percepire, rapportarsi e pensare nei confronti dell'ambiente e di sé stessi, che si manifesta in un'ampia varietà di situazioni personali e sociali. Quando, anziché indagare le dimensioni di base della personalità (tratti, comportamenti, ecc.), ci si rivolge allo studio ed alla descrizione dei *pattern* più generali di comportamento, emozione, pensiero e motivazione, si sta indagando lo stile di personalità: ci si riferisce cioè ad una configurazione più o meno stabile di tratti di personalità, che definisce una struttura psicologica più generale.

Se tali modalità di agire, percepire, rapportarsi e pensare diventano eccessivamente rigide – con ad esempio un ristretto repertorio di risposte che vengono ripetute anche quando la situazione richiederebbe comportamenti o soluzioni diverse – e disadattive ed interferiscono con il funzionamento relazionale e lavorativo di un individuo o, più in generale, con il senso di benessere suo e delle persone con cui vive e lavora, allora è possibile parlare di un disturbo della personalità.

Inoltre tratti, stili e disturbi di personalità sono costrutti dimensionali: essi si differenziano fra loro quantitativamente e non qualitativamente.

I meccanismi di difesa, o stili difensivi, sono processi psicologici automatici che proteggono l'individuo di fronte all'ansia e alla consapevolezza di pericoli o fattori stressanti interni o esterni. Le persone spesso non si accorgono del funzionamento di questi processi. I meccanismi di difesa (Serafin, 2012) mediano le reazioni dell'individuo nei confronti dei conflitti emozionali e dei fattori stressanti interni ed esterni. I singoli meccanismi di difesa vengono suddivisi da un punto di vista concettuale in gruppi affini che vengono denominati "Livelli difensivi".

VII
Il bullismo in rosa
di Valeria Lupidi

Come abbiamo avuto modo di vedere il termine bullismo è la traduzione italiana dall'inglese *"bullyng"* e designa i comportamenti comunicativi attraverso i quali una singola o un gruppo, fa o dice cose per avere potere o dominare una persona o un altro gruppo.

Si tratta in realtà di una oppressione psicologica o fisica, ripetuta e continuata nel tempo, perpetuata da una persona – o da un gruppo di persone – più potente nei confronti di un'altra percepita come più debole.

Il termine *"bullyng"* include, infatti, sia i comportamenti del persecutore sia quelli della vittima ponendo al centro dell'attenzione la relazione comunicativa nel suo insieme.

Il comportamento da bulla non è, dunque, soltanto la manifestazione di una mancata conoscenza dei comportamenti che sono socialmente attesi ed accettati, ma diviene una chiara manifestazione dell'incapacità e della incompetenza nel saper misurare le conseguenze delle proprie azioni messe in atto, una conseguenza questa che può legarsi al continuo mutare delle situazioni, delle trasformazioni delle conoscenze, delle ristrutturazioni nel campo delle differenze che si possono strutturare tra subsistemi culturali.

Gli atti comunicativi di bullismo vanno dagli insulti alle minacce, dall'isolamento alle piccole calunnie, dal furto alle violenze fisiche. Non si tratta, però, di atti aventi tutti la stessa natura e le conseguenze che comportano sono certamente differenziate. Le minacce e gli insulti possono avere conseguenze pesanti su chi le subisce, specie se ripetuti, poiché è proprio la reiterazione che

può trasformarli in atti più gravi, configurandoli come atti di bullismo. Diverso peso hanno certamente il furto e le violenze fisiche. Gli episodi più comuni di prepotenza sono le offese personali (c.d. appellativi sgradevoli).
Le bulle comunicano la sua potenza e il suo potere a colui che può percepire la differenza di relazione, sentendosi inferiore al suo persecutore.
Il fenomeno del "bullismo" è, dunque, la punta dell'*iceberg* di una violenza più diffusa che dobbiamo riconoscere e rispetto alla quale dobbiamo interrogarci. Spesso, infatti, non si dà importanza al "bullismo" perché lo si confonde con i normali conflitti fra coetanei ma, a ben guardare, ha delle proprie caratteristiche: l'asimmetria della relazione comunicativa, il potere del "bullo" nei confronti della vittima, la vulnerabilità della vittima stessa, l'intenzionalità, la persistenza nel tempo.
Il luogo dove oggi il bullismo va sempre più diffondendosi è quello delle scuole elementari e medie, anzi si può ancor meglio dire che il luogo dove avvengono la maggior parte degli atti di prepotenza è la classe frequentata dagli aggrediti. Quindi, non luoghi distanti dallo sguardo degli insegnanti e dei compagni di scuola. Il fenomeno riguarda, principalmente, le relazioni che si sviluppano all'interno del gruppo classe. In questo caso, come non mai, il luogo fisico rimanda alle relazioni che in esso si realizzano.
L'idea è che l'ambiente scolastico e le comunicazioni che in esso si costruiscono hanno un ruolo significativo nel rinforzare o meno i cosiddetti comportamenti da "bulle" o da "vittime" anche al di fuori della scuola: l'esperienza scolastica negativa è stata rilevata infatti, come predittiva di rischio e disadattamento nella vita futura.
Il bullismo, dunque, può essere interpretato come un problema di comunicazione sociale la cui unica soluzione rischia di essere rintracciata nella punizione e nella repressione del comportamento aggressivo. Tutto ciò indica la necessità di recuperare l'attenzione su questa manifestazione di disagio

infantile/adolescenziale in un'ottica di prevenzione e di promozione del benessere personale e sociale.
In quest'ottica la famiglia riveste straordinaria importanza, per cui bisogna puntare sull'alunno e sulla famiglia, in quanto i primi modelli di identificazione per i minori sono proprio i genitori.
Si tratta, inoltre, di lavorare per la costruzione di un clima scolastico di accoglienza, ma insieme di fermo contenimento dei comportamenti distruttivi. Le alunne devono poter fare esperienze di relazioni significative e gratificanti, capaci di ricostruire quel *gap* familiare emotivo-affettivo causa del loro comportamento disturbato e/o della loro demotivazione nei confronti del lavoro scolastico.
Il coinvolgimento della scuola, della famiglia, degli Enti locali, è indispensabile: c'è bisogno di un coordinamento, di una unità di intenti per la prevenzione del fenomeno. L'operazione diventa, così, *politica scolastica*, una dichiarazione di intenti che deve guidare tutta l'organizzazione della scuola.

Maschi vs femmine

Le manifestazioni del bullismo dipendono dall'età e dal genere ed inoltre, con l'età emerge la tendenza a una limitazione nell'uso dell'aggressività fisica ai danni di ambo i sessi, mentre si assiste a un aumento di quelle molestie sottili e indirette, come calunniare ed escludere dalla relazione. La maggior parte dei prepotenti è di sesso maschile ed è della stessa età del soggetto vittima. Questo si verifica nella quasi totalità dei casi per i bambini, che non sono quasi mai vittimizzati dalle bambine.
Un aspetto interessante riguarda il diverso coinvolgimento di maschi e femmine nel fenomeno del "bullismo". Anche se le femmine si dichiarano meno frequentemente dei maschi come attrici di prepotenze a danno di loro compagni, il loro coinvolgimento risulta, comunque, molto elevato. Le modalità di aggressione femminile sono più di tipo indiretto, relazionale, la cui peculiarità risiede nella maggiore finezza psicologica nel

concretizzare l'intenzione aggressiva. Inoltre, nelle bambine il fenomeno delle prepotenze è più ristretto alle relazioni con i compagni di classe mentre nei bambini si allarga a tutta la scuola.
All'ingresso nella scuola media la situazione dei due generi cambia e si diversifica ulteriormente. Per i maschi il fenomeno delle prepotenze sembra legato a una doppia dinamica, di potere e di matrice sessuale: la prima interessa essenzialmente il rapporto maschio-maschio e sancisce una gerarchia sociale tra chi è più forte e chi è più debole; la seconda riguarda invece il rapporto maschio-femmina ed è piuttosto volta a esprimere differenziazione e attrazione sessuale.
Nelle bambine il problema delle prepotenze si presenta in maniera diversa. Per quanto sia preminente la dinamica di tipo sessuale con i bambini, esiste tuttavia anche il fenomeno delle prepotenze con soggetti dello stesso sesso, secondo modalità più sottili e nascoste che non tendono comunque a stabilire una gerarchia di potere esplicita e chiaramente riconoscibile ma che, al contrario, in casi estremi possono addirittura confondersi con relazioni di amicizia.
I maschi, dunque, mettono in atto prevalentemente prepotenze di tipo diretto, con aggressioni per lo più fisiche ma anche verbali, le femmine, di contro, utilizzano in genere modalità indirette di prevaricazione, rivolte prevalentemente verso altre giovani.
Le bulle stanno, comunque, diventando un problema grave: con i maschi basta una sgridata per ridefinire i ruoli, mentre le ragazze covano maggiore rancore e tendono ad essere più ambigue.

VIII
Crimini sul web
di Gianandrea Serafin

Secondo Nancy Willard nell'ambito delle condotte vessatorie che si realizzano online, e che caratterizzano il Cyberbullismo, è possibile individuarne alcune specifiche tipologie (Willard, 2007).

Il Flaming

Tra quelle maggiormente diffuse vi è, ad esempio, il *Flaming*. Il *Flaming*, è caratterizzato da quell'insieme di messaggi violenti e volgari, c.d. "*Flame*", che mirano a suscitare vere e proprie "battaglie" verbali online tra due o più contendenti che si affrontano ad armi pari.
In questo caso non è sempre presente solo una vittima, e spesso dall'aggressione virtuale verso i "nuovi arrivati" (c.d. "*new user*") si può passare a delle pesanti vessazioni anche nella vita reale.
Tra i reati previsti dal Codice penale italiano che si possono configurare nell'ambito del *Flaming* si può configurare il reato di diffamazione (art. 595 c.p.[24]) anche a mezzo stampa (Santoriello, 2015), di violenza privata (art. 610 c.p.[25]), di minaccia (art. 612 c.p.[26]) o di Atti persecutori-stalking (art 612-*bis* c.p.[27]).

---

[24] *Chiunque [...] comunicando con più persone, offende l'altrui reputazione, è punito con la reclusione fino a un anno o con la multa fino a euro 1.032. Se l'offesa consiste nell'attribuzione di un fatto determinato, la pena è della reclusione fino a due anni, ovvero della multa fino a euro 2.065. Se l'offesa è recata col mezzo della stampa o con qualsiasi altro mezzo di pubblicità [...] la pena è della reclusione da sei mesi a tre anni o della multa non inferiore a euro 516 [...].*
[25] *Chiunque, con violenza o minaccia, costringe altri a fare, tollerare od omettere qualche*

L'harassment

Il vocabolo inglese *harassment* definsice delle condotte criminose che in lingua italiana possiamo definire come molestie. Infatti il reato di molestie di natura contravvenzionale, che è previsto dall'art. 660 c.p.[28]), può consistere, nel caso specifico, nell'invio di messaggi scortesi, offensivi o insultanti spediti alla vittima via e-mail, sms, chat, o con altri canali.

Sono riconoscibili, a differenza del *flaming*, le caratteristiche tipiche del bullismo tradizionale quali ad esempio la persistenza ovvero la reiterazione nel tempo della condotta aggressiva, e l'asimmetria di poteri tra il cyber-bullo (o cyber-bulli) e la vittima.

---

cosa è punito con la reclusione fino a quattro anni. [...]
[26] *Chiunque minaccia ad altri un ingiusto danno è punito, a querela della persona offesa, con la multa fino a 1.032 euro. Se la minaccia è grave, [...], la pena è della reclusione fino a un anno e si procede d'ufficio.*
[27] *Salvo che il fatto costituisca più grave reato, è punito con la reclusione da sei mesi a cinque anni chiunque, con condotte reiterate, minaccia o molesta taluno in modo da cagionare un perdurante e grave stato di ansia o di paura ovvero da ingenerare un fondato timore per l'incolumità propria o di un prossimo congiunto o di persona al medesimo legata da relazione affettiva ovvero da costringere lo stesso ad alterare le proprie abitudini di vita. La pena è aumentata se il fatto è commesso dal coniuge, anche separato o divorziato, o da persona che è o è stata legata da relazione affettiva alla persona offesa ovvero se il fatto è commesso attraverso strumenti informatici o telematici. La pena è aumentata fino alla metà se il fatto è commesso a danno di un minore, di una donna in stato di gravidanza o di una persona con disabilità di cui all'articolo 3 della legge 5 febbraio 1992, n. 104, ovvero con armi o da persona travisata. Il delitto è punito a querela della persona offesa. Il termine per la proposizione della querela è di sei mesi. La remissione della querela può essere soltanto processuale. La querela è comunque irrevocabile se il fatto è stato commesso mediante minacce reiterate nei modi di cui all'articolo 612, secondo comma. Si procede tuttavia d'ufficio se il fatto è commesso nei confronti di un minore o di una persona con disabilità di cui all'articolo 3 della legge 5 febbraio 1992, n. 104, nonché quando il fatto è connesso con altro delitto per il quale si deve procedere d'ufficio.*
[28] *Chiunque, in un luogo pubblico o aperto al pubblico, ovvero col mezzo del telefono, per petulanza o per altro biasimevole motivo, reca a taluno molestia o disturbo è punito con l'arresto fino a sei mesi o con l'ammenda fino a € 516.*

Il Cyber-stalking

Come abbiamo già visto quando la molestia diventa insistente e intimidatoria e la vittima comincia a temere per la propria incolumità fisica o psicologica ci si può trovare di fronte a una condotta di Cyber-stalking. Si precisa che in Italia è solo dal 2009 con il D.L. n. 11 del 23 febbraio , convertito con L. 38 del 23 aprile 2009, che gli Atti persecutori-stalking sono stati definiti come reato (cfr. art. 612-*bis* c.p.[29]).
Si tratta, ad ogni, modo di una condotta tipica di quelle relazioni fortemente conflittuali o nei rapporti sentimentali interrotti. Oltre alle minacce di aggressioni fisiche vi può essere la diffusione online di materiale privato come foto, video, scritti personali, ecc.;

La denigrazione

La denigrazione ha come scopo quello di cercare di danneggiare la reputazione o ledere i rapporti di amicizia della vittima potenziale, diffondendo online pettegolezzi o altro materiale offensivo e diffamatorio (cfr. art. 595 c.p. [30]).
In questo contesto si può evidenziare come spesso vengano usati video o foto modificati mediante fotomontaggi (i c.d. "*Fake*") con il fine di ridicolizzare e deridere la persona/vittima. Solitamente la denigrazione è la forma più usata dagli studenti per cercare di colpire duramente i loro docenti.

L'impersonificazione

---

[29] Si veda la precedente nota 4.
[30] Si veda la precedente nota 1.

Vi è impersonificazione o sostituzione di persona (art. 494 c.p. "*Sostituzione di persona*")[31] quando un soggetto, dopo aver violato l'*account* privato di qualcun altro (art. 615-*ter* c.p. "*Accesso abusivo ad un sistema informatico o telematico*")[32], o perché ha ottenuto consensualmente la *password* o è riuscito a carpirla con appositi programmi (art. 615-*quater* c.p. "*Detenzione e diffusione abusiva di codici di accesso a sistemi informatici o telematici*")[33], può farsi passare per quest'ultimo e inviare messaggi ed *e-mail* ai suoi contatti con l'obiettivo di darne una cattiva immagine (cfr. art. 595 c.p.[34]), creare problemi, metterlo in pericolo o danneggiare la sua reputazione o i rapporti di amicizia.

Merita qui una piccola riflessione sul fatto che spesso il mondo adolescenziale è caratterizzato da dinamiche amicali precarie, ma allo stesso tempo di estrema importanza per questi giovani, pertanto spesso anche lo scambio della *password* personale viene considerato dai ragazzi come un segno di "vera amicizia" e fiducia nell'altro.

L'Outing e il Trickery

Il concetto di *Outing* si riferisce alla possibilità di registrare/salvare i dati di conversazioni e confidenze spontanee

---

[31] *Chiunque, al fine di procurare a sé o ad altri un vantaggio o di recare ad altri un danno, induce taluno in errore, sostituendo illegittimamente la propria all'altrui persona, o attribuendo a sé o ad altri un falso nome, o un falso stato, ovvero una qualità a cui la legge attribuisce effetti giuridici, è punito [...] con la reclusione fino ad un anno".*

[32] *Chiunque abusivamente si introduce in un sistema informatico o telematico protetto da misure di sicurezza ovvero vi si mantiene contro la volontà espressa o tacita di chi ha il diritto di escluderlo, è punito con la reclusione fino a tre anni. [...] Nel caso previsto dal primo comma il delitto è punibile a querela della persona offesa [...].*

[33] *Chiunque, al fine di procurare a sé o ad altri un profitto o di arrecare ad altri un danno, abusivamente si procura, riproduce, diffonde, comunica o consegna codici, parole chiave o altri mezzi idonei all'accesso ad un sistema informatico o telematico, protetto da misure di sicurezza, o comunque fornisce indicazioni o istruzioni idonee al predetto scopo, è punito con la reclusione sino a un anno e con la multa sino a € 5.164 [...]".*

[34] Si veda la precedente nota 1.

(sms, chat, ecc.), immagini intime per poi decidere, in un secondo momento di pubblicarle o diffonderle in rete (art. 615-*bis* c.p. "*Interferenze illecite nella vita privata*")[35].

La dinamica che sottende il concetto di *Trickery*, invece, vede il cyber-bullo sollecitare con l'inganno "l'amico" a condividere segreti o informazioni imbarazzanti, con il fine poi di diffonderle online o minacciarlo nel caso in cui la vittima non si rendesse disponibile ad esaudirne le richieste (cfr. artt. 610 e 612 c.p. [36]), spesso anche sessuali (art. 609-*bis* "*Violenza sessuale*"[37] e 609-*quater* c.p. "*Atti sessuali con minorenne*"[38]). Si precisa, inoltre, che la detenzione del materiale foto/video ottenuto, se ritraente minori è punita penalmente (artt. 600-*quater* "*Detenzione di materiale pornografico*"[39] e 600-*quater1* "*Pornografia virtuale*"[40]).

---

[35] *Chiunque, mediante l'uso di strumenti di ripresa visiva o sonora, si procura indebitamente notizie o immagini attinenti alla vita privata [...], è punito con la reclusione da sei mesi a quattro anni. Alla stessa pena soggiace, salvo che il fatto costituisca più grave reato, chi rivela o diffonde, mediante qualsiasi mezzo di informazione al pubblico, le notizie o le immagini ottenute nei modi indicati nella prima parte di questo articolo. I delitti sono punibili a querela della persona offesa [...].*
[36] Si vedano le precedent note 2 e 3.
[37] *Chiunque, con violenza o minaccia o mediante abuso di autorità costringe taluno a compiere o subire atti sessuali è punito con la reclusione da cinque a dieci anni. Alla stessa pena soggiace chi induce taluno a compiere o subire atti sessuali: 1) abusando delle condizioni di inferiorità fisica o psichica della persona offesa al momento del fatto; 2) traendo in inganno la persona offesa per essersi il colpevole sostituito ad altra persona. Nei casi di minore gravità la pena è diminuita in misura non eccedente i due terzi.*
[38] *Soggiace alla pena stabilita dall'articolo 609 bis chiunque, al di fuori delle ipotesi previste in detto articolo, compie atti sessuali con persona che, al momento del fatto: 1) non ha compiuto gli anni quattordici; 2) non ha compiuto gli anni sedici, quando il colpevole sia l'ascendente, il genitore, anche adottivo, o di lui convivente, il tutore, ovvero altra persona cui, per ragioni di cura, di educazione, di istruzione, di vigilanza o di custodia, il minore è affidato o che abbia, con quest'ultimo, una relazione di convivenza. [...]. Non è punibile il minorenne che, al di fuori delle ipotesi previste nell'articolo 609-bis, compie atti sessuali con un minorenne che abbia compiuto gli anni tredici, se la differenza di età tra i soggetti non è superiore a tre anni. Nei casi di minore gravità la pena è diminuita in misura non eccedente i due terzi. Si applica la pena di cui all'articolo 609 ter, secondo comma, se la persona offesa non ha compiuto gli anni dieci.*
[39] *Chiunque, al di fuori delle ipotesi previste nell'articolo 600ter, consapevolmente si procura o detiene materiale pornografico realizzato utilizzando minori degli anni diciotto è punito*

Infine, si precisa, che in questa dinamica il bullo può avere inizialmente un rapporto equilibrato con la vittima, per poi assumere una posizione prevaricatoria (*one up*) e contare sul contributo degli altri utenti della rete.

Altre condotte

Tra le ulteriori condotte tipiche del bullismo e che hanno trovato terreno fertile anche nel Mondo della rete vi può essere "l'esclusione" ovvero una condotta che si sostanzia nella volontà di escludere deliberatamente una persona da un gruppo online o "lista di amici"), da una chat, da un video games, o da altri "luoghi" protetti con *password*. Spesso viene utilizzato, dai giovani, il termine *"bannare"*, ovvero emarginare. Poiché oggi la *leadership* di un giovane viene determinata non solo dai contati della vita reale, ma anche dal numero di amici online, l'esclusione è allora una punizione severa dei compagni che può severamente intaccare o riduce la popolarità ed il potere.

Infine si ha il *Cyberbashing*, anche detto *Happy slapping*, quando una o più persone commettono una serie di violenze fisiche nei confronti di un'altra mentre altri soggetti riprendono l'aggressione con il videotelefonino od altri strumenti elettronici per poi pubblicare le immagini in rete e renderle di dominio pubblico. Queste aggressioni possono essere reali o simulate ed il "pubblico" della rete può condividerle, commentarle, votarle ed eleggere il video più divertente e popolare[41].

con la reclusione fino a tre anni o con la multa non inferiore a € 1.549. La pena è aumentata in misura non eccedente i due terzi ove il materiale detenuto sia di ingente quantità.
[40] *Le disposizioni di cui agli articoli 600 ter e 600 quater si applicano anche quando il materiale pornografico rappresenta immagini virtuali realizzate utilizzando immagini di minori degli anni diciotto o parti di esse, ma la pena è diminuita di un terzo. Per immagini virtuali si intendono immagini realizzate con tecniche di elaborazione grafica non associate in tutto o in parte a situazioni reali, la cui qualità di rappresentazione fa apparire come vere situazioni non reali.*

[41] Rientrano in questo ambito tutta una serie di reati quali: l'art. 581 c.p. *"Percosse"*, l'art. 582 c.p. *"Lesioni personali dolose"*, l'art. 588 c.p. *"Rissa"*, l'art. 590 c.p. *"Lesioni personali colpose"*, l'art. 610 c.p. *"Violenza privata"*, l'art. 613 c.p. *"Stato di incapacità procurato mediante violenza"*, l'art. 615-bis c.p. *"Interferenze illecite nella vita privata"*, oltre ad eventuali sanzioni relative alla privacy di cui al Decreto Legislativo 30 giugno 2003, n. 196 *"Codice in materia di protezione dei dati personali"*.

IX
Quali conseguenze
di Gianandrea Serafin

La consapevolezza delle gravi conseguenze che il bullismo può avere sia sulle vittime sia sugli stessi bulli ci permette di sottolineare come sia importante non solo il controllo rispetto a queste condotte nel momento in cui si palesano (all'interno dell'istituto scolastico, della classe, ecc.) ma è altresì fondamentale un'azione di prevenzione rispetto alle stesse.
In linea di massima si ritiene che una buona attività di prevenzione dovrebbe agire su più livelli: il primo livello riguarda il singolo individuo (bullo, vittima o astanti); il secondo livello maggiormente focalizzato sul contesto scolastico (o della classe); il terzo livello deve prendere in considerazione la scuola come istituzione; ed infine l'ultimo livello è quello della comunità più ampia (genitori, famiglie, ecc.) si riferisce alle norme, ai valori, ai costumi, e agli stili di vita di quel determinato contesto socioculturale.
Quindi fra gli aspetti di maggior interesse per gli organi di polizia, oltre ai compiti sanzionatori d'istituto relativamente alle funzioni repressive di polizia giudiziaria, rileva come l'intervento dovrebbe essere mirato a promuovere la cooperazione tra la scuola, gli studenti e le famiglie, anche attraverso modalità di prevenzione (*problem solving*) *ante delictum* dedicate sia all'interno del gruppo classe sia nell'ambito dell'istituzione scolastica più ampia. Inoltre si dovrebbe guardare al potenziamento delle competenze sociali dei singoli studenti e della classe in generale, ad esempio attraverso attività formative sinergiche tra gli operatori della sicurezza e i docenti che coinvolgano direttamente gli studenti e le loro famiglie.

Si dovrebbe, altresì, lavorare al potenziamento di quelle forme di aiuto/sostegno fra pari volte ad educare al rispetto dei compagni e del mondo degli adulti, così da permettere di riconoscere la diversità dell'altro ed accettarla nella sua alterità. Infatti sarebbe plausibile cercare di favorire l'elaborazione nei giovani di modelli di sostegno rivolti ai compagni, così da educare all'empatia ed al rispetto dell'altro, attraverso strategie relazionali volte a prevenire le condotte di bullismo mediante il riconoscimento delle condizioni di coloro i quali versano in uno stato di difficoltà cognitive, di apprendimento, relazionali o di inserimento sociale e che potrebbero poi essere oggetto in virtù di questa loro maggiore vulnerabilità di episodi di bullismo.

Lo sviluppo della relazione empatica può servire in particolar modo ad offrire al bullo la possibilità di comprendere le conseguenze negative delle proprie azioni ed iniziare un percorso di inversione di rotta per evitare l'adesione allo stigma negativo che potrebbe fare di lui un deviante adulto.

Infine per la prevenzione del bullismo risulta fondamentale la sensibilizzazione al fenomeno. Infatti strettamente collegato al tema della sensibilizzazione vi è quello della prevenzione la quale, secondo diversi autori, consiste *«nell'insegnare ai ragazzi modalità d'interazione positiva con i compagni e nell'informare sulle conseguenze disadattive del comportamento da bullo, con l'obiettivo fondamentale di ridurre il rischio di incidenza del fenomeno»* (Menesini, 2007).

Inoltre si precisa che OMS (2002) e ONU (2006) considerano fondamentali per una politica di prevenzione i seguenti passi:

1. Progettazione, implementazione e monitoraggio di un piano di azione nazionale e multidisciplinare;
2. Potenziamento dell'acquisizione dei dati sul fenomeno, riducendo il numero delle "forme nascoste" e non denunciate (circa il 75%);
3. Definizione delle priorità e sostegno alla ricerca su cause, conseguenze, costi e prevenzione del fenomeno;
4. Sviluppo delle strategie di prevenzione primaria che preveda interventi diversi (dal livello micro al macro);
5. Rafforzamento della rete di supporto per le vittime;

6. Integrazione delle politiche di formazione dei docenti e del personale educativo (prima, durante e dopo);
7. Istituzione di un ente nazionale e delle reti di agenzie locali;
8. Contribuzione alla conoscenza del fenomeno a livello internazionale;
9. Promozione di azioni legislative che possano contrastare in modo efficace il fenomeno della violenza e del bullismo a scuola, secondo quanto previsto dalla "*Convenzione internazionale sui diritti dei bambini*" *(1989)* e della "*Convenzione per l'eliminazione di tutte le forme di discriminazione razziale*" *(1965)*.

Il ruolo degli educatori e operatori sociali

Appare, altresì, ovvio sottolineare che nel momento in cui il bullismo prende piede sarà necessario intervenire innanzitutto attraverso l'applicazione dei mezzi normativi previsti dall'ordinamento giuridico. Infatti visto che sovente chi dovrebbe far rispettare le regole non lo fa, si ritiene che questo potrebbe causare lo svuotamento di contenuti delle stesse e di conseguenza una situazione di "normalizzazione" delle condotte devianti.

Chi scrive ritiene che le principali tipologie d'intervento possano essere identificabili in quegli interventi individualizzati, che riguardano il trattamento e la riabilitazione di bulli e vittime, fino a quelli più generali che coinvolgono le istituzioni ministeriali. Fra questi generalmente si collocano gli interventi concreti del quotidiano in ambito scolastico, dove diventano estremamente importanti la prevenzione e le risposte agli episodi di bullismo. In particolare se da un alto si tratta di rinforzare la consapevolezza sul problema creando un sistema di regole, avviando all'interno delle classi percorsi di accrescimento delle competenze emotive e sociali, e promuovendo "nuovi" modelli educativi volti alla convivenza sociale, dall'altro si deve intervenire mediante approcci di tipo punitivo (dalle sospensioni o altre sanzioni disciplinari fino alla segnalazione al Tribunale per i minorenni), oppure di tipo riparatorio e di mediazione fra le parti.

Il ruolo degli operatori di polizia

Il questo ambito il ruolo fondamentale degli operatori di polizia, che svolgono in via preliminare funzioni di polizia di prossimità, pare essere quello di cercare di ripristinare i contenuti delle norme, anche attraverso mezzi sanzionatori volti a fermare le varie forme di violenza connesse al bullismo.
Ma quali fattori possono favorire un buon esito degli interventi di prevenzione?
Si ritiene che i fattori da considerare in relazione al positivo esito di una attività di prevenzione debbano essere legati in particolar modo alla valutazione delle caratteristiche personali dei destinatari. Vanno poi considerati i fattori esterni o legati al contesto, quali l'età dei coinvolti, ove nella gran parte delle ricerche è stato evidenziato come sia preferibile intervenire fin dalla scuola primaria (piuttosto che nella secondaria) per aver un buon esito: soprattutto perché modificare il comportamento di adolescenti è un compito difficile e spesso non realizzabile. Una particolare attenzione va posta anche verso le dinamiche sociale e il c.d. "clima". Infatti visto che il bullismo sembra essere influenzato dal clima sociale ed educativo della scuola, è di particolare importanza creare delle condizioni che favoriscano un'elevata cooperazione con i docenti. Secondo alcuni studiosi, infatti, spesso sono proprio loro che possono, inconsapevolmente, favorire o rinforzare i comportamenti del bullo, non intervenendo o assumendo a loro volta atteggiamenti di prevaricazione (*Ibidem*). Vi è poi la necessità di un maggior coinvolgimento della comunità, dal momento che recenti studi hanno sottolineato come gli interventi che mobilitano l'opinione pubblica ottengano risultati sensibilmente maggiori. In molti casi, anche se può apparire dispersivo e troppo complicato, il cambiamento sociale si deve attuare soprattutto partendo dal

livello della comunità e dall'ampliamento del raggio di sensibilizzazione dalla scuola verso l'ambiente esterno. Infine vi possono essere altri fattori che possono incidere quali: la durata dell'intervento, la stabilità dell'esperienza e la disponibilità di risorse.

X
La nuova legge sul Cyberbullismo
di Gianandrea Serafin

Nella seduta del 17 maggio 2017 anche la Camera dei Deputati ha approvato la proposta di legge n. 3139-B già accettata con modifiche dal Senato lo scorso 31 gennaio 2017.
Con la Legge n. 71 del 29 maggio 2017, recante *"Disposizioni a tutela dei minori per la prevenzione ed il contrasto del fenomeno del cyberbullismo"* anche l'Italia ha approvato una norma volta a contrastare l'ormai noto fenomeno del Cyberbullismo.
Questa nuova legge arriva a fornire, per la prima volta, una definizione giuridica di cosa si debba intendere per Cyberbullismo e di quali debbano essere le diverse competenze dei soggetti attivi (Ministeri, USR, Scuole) coinvolti nell'attività di prevenzione e contrastarlo; prevedendo altresì disposizioni non solo di carattere punitivo ma anche rieducativo.
Tra le principali novità introdotte dal provvedimento, vi sono:

La definizione di Cyberbullismo (Art. 1): con questo termine si intende «*qualunque forma di pressione, aggressione, molestia, ricatto, ingiuria, denigrazione, diffamazione, furto d'identità, alterazione, acquisizione illecita, manipolazione, trattamento illecito di dati personali in danno di minorenni, realizzata per via telematica, nonché la diffusione di contenuti on line (anche relativi a un familiare) aventi ad oggetto anche uno o più componenti della famiglia del minore il cui scopo intenzionale e predominante sia quello di isolare un minore o un gruppo di minori ponendo in atto un serio abuso, un attacco dannoso, o la loro messa in ridicolo*».
Viene introdotta pertanto per la prima volta nell'ordinamento giuridico una precisa definizione normativa del fenomeno **"Bullismo telematico"**
L'obiettivo della legge, inoltre, è quello di contrastare il

fenomeno del cyberbullismo in tutte le sue manifestazioni, con azioni preventive e strategie mirate alla tutela ed educazione dei minori coinvolti, sia che si tratti di vittime sia dei responsabili di illeciti, assicurando così l'attuazione degli interventi nell'ambito delle istituzioni scolastiche e senza distinzione di età. Viene, inoltre, anche definito il **Gestore del sito internet** quale il prestatore di servizi della società dell'informazione che, sulla rete internet, cura la gestione dei contenuti di un sito in cui si possano riscontrare le condotte di cyberbullismo; non sono considerati gestori gli *access provider*, i *cache provider* e i motori di ricerca.

Tutela della dignità del minore e eliminazione dei contenuti dal web (Art. 2): la vittima di cyberbullismo, che abbia compiuto almeno 14 anni, e i genitori o esercenti la responsabilità sul minore, può inoltrare al titolare del trattamento o al gestore del sito internet o del social media un'istanza per l'oscuramento, la rimozione o il blocco di qualsiasi altro dato personale del minore, diffuso nella rete internet. Se non si provvede entro 48 ore, l'interessato può rivolgersi al Garante della Privacy che interviene direttamente entro le successive 48 ore[42].

Il piano di azione integrato (Art. 3): le parole chiave sono monitoraggio e controllo. La nuova norma, infatti, prevede che presso la Presidenza del Consiglio venga istituito un tavolo tecnico con il compito di redigere un piano di azione integrato per contrastare e prevenire il cyberbullismo e creare una banca dati per il monitoraggio costante del fenomeno in linea con quanto già previsto dall'Unione europea con la decisione 1351/2008/CE del 16 dicembre 2008.

Il ruolo delle istituzioni e il prof. anti-bullo (Art. 4-5): un ruolo fondamentale nella lotta al cyberbullismo sarà svolto dalla scuola. In ogni Istituto scolastico, infatti, sarà individuato un

---

[42] Il Garante della privacy è contattabile al seguente indirizzo e-mail: cyberbullismo@gpdp.it

professore referente per le iniziative per il contrasto del fenomeno *e la gestione dei casi con le forze dell'ordine, laddove si verifichi un atto di cyberbullismo*. Il dirigente scolastico che venga a conoscenza di atti di cyberbullismo (salvo che il fatto costituisca reato) dovrà informare subito le famiglie dei minori coinvolti in atti di bullismo e, se necessario, convocare tutti gli interessati per adottare *adeguate azioni educative*, misure di assistenza alla vittima, sanzioni e percorsi rieducativi per l'autore. Al MIUR spetterà, quindi, il compito di predisporre linee di orientamento di prevenzione e contrasto puntando, tra l'altro, sulla formazione del personale scolastico e la promozione di un ruolo attivo degli studenti, mentre ai singoli istituti invece il compito di realizzare percorsi di educazione alla legalità e all'uso consapevole di internet. Alle iniziative in ambito scolastico collaboreranno anche polizia postale e associazioni territoriali.

L'ammonimento del questore (Art. 7): fino a quando non è proposta querela o non è presentata denuncia nei casi di condotte di ingiuria (art. 594 c.p.), diffamazione (art. 595 c.p.), minaccia (art. 612 c.p.) e trattamento illecito di dati personali (art. 167 del Codice della privacy D.Lgs 196/2003) commessi mediante internet da minori ultraquattordicenni nei confronti di altro minorenne, è stata estesa al cyberbullismo la procedura di ammonimento da parte del questore prevista in materia di stalking (art. 612-bis c.p.). A tal fine il questore convoca il minore, insieme ad almeno un genitore o ad altra persona esercente la responsabilità genitoriale; gli effetti dell'ammonimento cessano al compimento della maggiore età.

Il presidente dell'Autorità Garante per la Privacy, Antonello Soro, ha così commentato la notizia dell'approvazione della legge da parte del Parlamento: «*L'approvazione definitiva del ddl sul cyberbullismo è un risultato importante e atteso da tempo. Particolarmente positiva è la scelta di coniugare approccio preventivo e riparatorio, grazie alla promozione dell'educazione digitale e alla specifica procedura di rimozione dei contenuti lesivi della dignità del minore L'Autorità si impegnerà a svolgere -*

con la responsabilità che a tale alto compito si addice - l'importante funzione di garanzia assegnatale dalla legge anche in questo contesto».
Aggiungendo che: *«è infatti fondamentale garantire la tutela di una generazione tanto più iperconnessa quanto più fragile, se non adeguatamente responsabilizzata rispetto all'uso della rete. Confidiamo che ai nuovi compiti corrispondano nuove indispensabili risorse umane[43]».*

La storia di Carolina Picchio

«Una legge pensata e fatta per i ragazzi è fondamentale, ma è solo l'inizio. Io continuerò il mio impegno per le scuole, i ragazzi me lo chiedono[44]»: questo è stato il commento di Paolo Picchio, papà di Carolina, dopo l'approvazione definitiva del testo di legge sul Cyberbullismo. Anche la presidente della Camera Laura Boldrini ha voluto omaggiare Carolina, la ragazza di Novara vittima di cyberbullismo, dedicandole alla memoria la nuova legge.
Carolina Picchio, infatti, si è suicidata la sera del 5 gennaio del 2013, proprio a causa del cyberbullismo, diventando così suo malgrado una delle prime giovani vittime italiane del bullismo online.
Carolina aveva solo 14 anni quando, come si legge nella lettera d'addio, una sera ad una festa si sente male. È ubriaca e barcolla. Se ne va in bagno. Li un gruppetto di ragazzini la seguono, la circondano, la molestano e la filmano. Il video poi viene pubblicato in rete su Facebook. A causa di questo fatto dopo qualche tempo Carolina decise di farla finita lanciandosi dal terzo piano della sua casa di Novara.
A distanza di cinque mesi dalla scomparsa della giovane Carolina la Procura della Repubblica presso il Tribunale per i minorenni di

---

[43] http://www.garanteprivacy.it/web/guest/home/docweb/-/docweb-display/docweb/6382505
[44] http://www.lastampa.it/2017/05/17/multimedia/edizioni/novara/il-pap-di-carolina-picchio-una-legge-per-i-ragazzi-solo-il-punto-di-partenza-iLqZju8nhCCKC6kpcYNf5M/pagina.html

Torino ha deciso di aprire un'indagine. Tra gli indagati vi sono sei ragazzi (quattro di 15 anni, uno di 14 e uno di 13) tra cui l'ex fidanzatino di Carolina. I reati sono molto pesanti: a cinque di loro, presenti quella sera alla festa, viene contestata la "violenza sessuale di gruppo"; per uno, un quindicenne, la diffusione di materiale pedopornografico; allo stesso quindicenne e all'ex fidanzatino, che quella sera non c'era, il Pubblico ministero ha ipotizzato il reato di "morte come conseguenza di altro reato".
Inoltre anche la Procura della Repubblica di Novara ha aperto un'indagine relativa la mancanza di controlli rispetto alla diffusione di video su Facebook e Twitter. Lo stesso Social network Twitter, infatti, ha avuto un ruolo importante in questa storia, denunciando le responsabilità di chi derideva la ragazza nei più di 2.600 messaggi in 24 ore. L'indagine prese l'avvio proprio dai *tweet* che la mattina dopo il suicidio della quattordicenne rivelavano le umiliazioni patite dall'ex fidanzato e dai suoi amici. Uno dei numerosi messaggi recitava: «*Guardate che Carolina si è suicidata per colpa di chi la sfotteva*».
Carolina, prima di compiere il gesto estremo, lasciò due lettera una per la sorella nella quale scrisse: «*Mi dispiace, Tati, amiche mie vi voglio bene. Non è colpa di papà*», l'altra lettera era invece per l'ex fidanzato di quindici anni, che la ragazza aveva lasciato due settimane prima della festa: «*Non ti basta quello che mi hai fatto, me l'hai fatta già pagare troppe volte*»[45]. Per lui, un peso enorme, anche se fisicamente alla festa non era presente e quindi della violenza sessuale non può essere responsabile. Potrebbe però aver saputo di quello che era successo e avere offeso e deriso la reputazione di Carolina: reato, quello dell'ingiuria per il quale si procede a querela di parte, una parte, però, che nulla ha potuto contro i "danni" all'immagine causati dalla rete.
La storia di Carolina Picchio ci scatena numerose riflessioni sugli effetti del bullismo, già oggetto del presente volume, e

---

[45] http://27esimaora.corriere.it/articolo/carolina-fu-violentata-in-gruppo-in-sei-sotto-accusa-per-il-suicidio-di-novara/

sull'amplificazione dei danni che l'utilizzo distorno dei social media può avere come conseguenze estreme.

Sul tema si segnala, inoltre, l'interessante contributo di Matteo Lancini docente alla Facoltà di Psicologia dell'Università Milano-Bicocca e Psicoterapeuta dell'adolescenza, secondo il quale: «*le illazioni e le comunicazioni «senza corpo» degli adolescenti nativi digitali consentono di esprimere parti di sé che nella relazione reale non sempre riescono ad essere mostrate. L'illusorio anonimato di Internet può però agevolare l'espressione di sentimenti e pensieri aggressivi ed indicibili, che trovano nel mezzo tecnologico un potente amplificatore. È così che la Rete può trasformarsi in un pericoloso nemico del controllo e della riservatezza, portando le conseguenze ben al di là delle intenzioni iniziali. Uno scherzo di cattivo gusto può fare il giro del mondo, diventando cyberbullismo*[46]».

Infatti continua Lancini: «*il provvedimento della magistratura minorile ha il merito di sancire l'inesorabile intreccio tra mondo virtuale e mondo reale. Le ricadute delle comunicazioni e delle relazioni virtuali sulla vita vera diventano in questo modo un'evidenza che mette a tacere la dicotomia tra realtà e virtualità intese come dimensioni contrapposte. Il bullismo esercitato attraverso la Rete acquisisce potenza, così come il dolore connesso alla vergogna di chi subisce l'atto, ma allo stesso tempo è più difficile da intercettare perché può non caratterizzarsi come azione continuata nel tempo tra prevaricatore e prevaricato*[47]».

Infine ci associamo all'autore nel sostenere che in tali circostanze: «*i genitori potranno aiutare la vittima solo se capaci di offrire uno sguardo non divorato dall'ansia o dalla rabbia. L'adolescente in difficoltà potrà così sentirsi libero di rivolgersi al padre o alla madre, per confidarsi e cercare insieme una soluzione che lo aiuti a superare un ostacolo che, se rimane muto e inespresso, può apparire pericolosamente insormontabile*[48]».

---

[46] *Ibidem*
[47] *Ibidem*
[48] *Ibidem*

Conclusioni: cosa ci resta da dire?
di Valeria Lupidi

*«Il bullismo spezza i rami più belli
che un ragazzo o una ragazza
possiede. Poi il tempo passa e nasce
un fiore nuovo».*

Ines Sansone

Come abbiamo avuto fin qui modo di evidenziare in questo testo il bullismo è un comportamento anti-sociale caratterizzato da una forma di aggressività perdurante nel tempo e da una marcata dimensione del gruppo.

Il 10° Rapporto nazionale sulla condizione dell'infanzia e dell'adolescenza risalente al 2009, riporta dati relativi alle fasce di età più a rischio: sarebbero circa 2500 i bambini e adolescenti "bulli" tra i 7 e gli 11 anni e tra i 12 e i 19. Inoltre, più di un quarto dei bambini ha subito più volte nel corso dello stesso anno offese immotivate (27%) o provocazioni e prese in giro (28%); mentre, sempre nel corso di un anno, oltre un quarto dei bambini italiani e circa il 20% degli adolescenti afferma di essere stato vittima di vere e proprie azioni di bullismo.

Gli studiosi e i ricercatori che si occupano del fenomeno si chiedono quali potrebbero essere le cause ma una risposta univoca non esiste in quanto si ipotizza una multifattorialità di elementi che concorrerebbero a definire il bullismo. Infatti è solo guardando all'interazione tra fattori ambientali e specifiche modalità di risposta dell'individuo che si possono spiegare le sequele adattive o disadattive nello sviluppo dell'individuo.

Le conseguenze

Il bullismo produce effetti che si protraggono nel tempo e che comportano dei rischi evolutivi tanto per chi agisce quanto per chi subisce prepotenze.
Il bullo, ad esempio, acquisisce modalità relazionali non appropriate in quanto caratterizzate da forte aggressività e dal bisogno di dominare sugli altri. Di conseguenza si delinea per il bullo il rischio di condotte antisociali e devianti in età adolescenziale e adulta.
L'ulteriore effetto negativo riguarda il distorto sviluppo della personalità di questi minori, che sul piano psicologico subiscono una precoce adultizzazione, per effetto della quale, assumono, nei riguardi dei giudici, degli operatori sociali e di quelli penitenziari, comportamenti molto simili a quelli degli imputati adulti. Molto probabile è che i bulli crescano con l'inclinazione a compiere, anche nell'ambito del proprio nucleo familiare e della famiglia che eventualmente formeranno, atti di provocazione e di prevaricazione.
Per le vittime, inoltre, si prospetta, nell'immediato, una progressiva perdita di sicurezza e autostima che può concretizzarsi in attacchi di ansia, somatizzazioni e rifiuto di recarsi a scuola e più a lungo termine, nel rischio di cadere in stati depressivi anche di grave entità. Di contro, per i bulli vi è il rischio di un uso sistematico e pervasivo della violenza che può concretizzarsi nella criminalità. Si tratta tuttavia di rischi e come tali devono essere intesi, per cui appare inappropriata, e a sua volta rischiosa, ogni politica di intervento che in maniera diretta o indiretta etichetti nettamente ogni bambino che si renda attore o vittima di prepotenze.
I bulli sono a rischio di problematiche antisociali e devianti, le vittime rischiano quadri patologici con sintomatologie anche di tipo depressivo.
La vittima può manifestare disturbi di vario genere a livello sia fisico che psicologico e può sperimentare il desiderio di non frequentare più i luoghi dove solitamente incontra il suo

persecutore. A distanza di tempo possono persistere tratti di personalità insicura e ansiosa tali da portare, in alcuni, a episodi di depressione.

Il danno per l'autostima della vittima si mantiene nel tempo e induce la persona ad un disinvestimento nella scuola e talvolta, accade che le vittime diventino a loro volta aggressori.

Attraverso il bullismo si può arrivare a comportamenti devianti delinquenziali perché sia la vittima che il bullo portano le conseguenze per molto tempo e spesso per tutta la vita degli atteggiamenti agiti o subiti.

Le soluzioni

Vi sono diverse possibilità di intervento sul bullismo che vedono in primo piano un impegno non indifferente della scuola in una articolazione di azioni che vanno però dal piano istituzionale a quello individuale. È necessario, però, che l'intervento venga effettuato secondo una prospettiva sistemica. Tali programmi prevedono l'utilizzo di diverse tecniche che vanno dagli incontri di classe per discutere le difficoltà o i problemi personali vissuti, all'attivazione di occasioni di apprendimento cooperativo e di attività positive comuni, a incontri tra insegnanti, genitori e alunni, a colloqui approfonditi con i bulli e con le vittime, a colloqui con i genitori degli studenti direttamente coinvolti nel problema, a incentivazione di forme di aiuto da parte di ragazzi neutrali.

È previsto anche l'utilizzo di alcuni ausili quali filmati o opere letterarie che trattano il problema per potenziare la consapevolezza e la comprensione della gravità del fenomeno.

Un'attività complementare e che per molti può risultare maggiormente coinvolgente sul piano emotivo è quella costituita dal *role playing* e da rappresentazioni teatrali. In generale, la drammatizzazione costituisce un efficace tramite per permettere a bambini e ragazzi di sviluppare una maggiore empatia e

consapevolezza degli altri, di familiarizzare con situazioni critiche e di appropriarsi di nuovi repertori comportamentali.
Da non sottovalutare è poi il fatto che la riduzione del bullismo crea un clima scolastico favorevole all'apprendimento e costituisce il terreno sociale per l'educazione alla legalità. Importante è che i genitori siano adeguatamente informati tanto da saper riconoscere il fenomeno bullismo.
Bisogna aiutare i genitori a conoscere meglio i propri figli potenziali vittime dei prevaricatori. Bisogna favorire il dialogo, prestare attenzione al vissuto emotivo del proprio figlio, confrontandosi con altri genitori, potenziare l'autostima, favorire momenti di socializzazione positiva, far intraprendere ai bambini attività extrascolastiche.
Tutti gli adulti di riferimento hanno la responsabilità di attivarsi, ognuno nel proprio ruolo e compito educativo: dirigenti scolastici, insegnanti e personale non docente, elaborando una politica scolastica anti-bullismo, affrontando il problema con rilevazioni, discussioni, controllo degli spazi, collaborando con alunni e genitori per rendere visibili le situazioni di prepotenza e per ricercare soluzioni ai conflitti sociali sottostanti.
Il tutto ricordando che "di bullismo si muore".

APPENDICE

LEGGE 29 maggio 2017, n. 71
Disposizioni a tutela dei minori per la prevenzione ed il contrasto del fenomeno del cyberbullismo

La Camera dei deputati ed il Senato della Repubblica hanno approvato;

IL PRESIDENTE DELLA REPUBBLICA

Promulga
la seguente legge:

Art. 1

Finalità e definizioni

1. La presente legge si pone l'obiettivo di contrastare il fenomeno del cyberbullismo in tutte le sue manifestazioni, con azioni a carattere preventivo e con una strategia di attenzione, tutela ed educazione nei confronti dei minori coinvolti, sia nella posizione di vittime sia in quella di responsabili di illeciti, assicurando l'attuazione degli interventi senza distinzione di età nell'ambito delle istituzioni scolastiche.

2. Ai fini della presente legge, per «cyberbullismo» si intende qualunque forma di pressione, aggressione, molestia, ricatto, ingiuria, denigrazione, diffamazione, furto d'identità, alterazione, acquisizione illecita, manipolazione, trattamento illecito di dati personali in danno di minorenni, realizzata per via telematica, nonché la diffusione di contenuti *on line* aventi ad oggetto anche uno o più componenti della famiglia del minore il cui scopo intenzionale e predominante sia quello di isolare un minore o un gruppo di minori ponendo in atto un serio abuso, un attacco dannoso, o la loro messa in ridicolo.

3. Ai fini della presente legge, per «gestore del sito internet» si intende il prestatore di servizi della società dell'informazione, diverso da quelli di cui agli articoli 14, 15 e 16 del decreto legislativo 9 aprile 2003, n. 70, che, sulla rete internet, cura la gestione dei contenuti di un sito in cui si possono riscontrare le condotte di cui al comma 2.

Art. 2

Tutela della dignità del minore

1. Ciascun minore ultraquattordicenne, nonché ciascun genitore o soggetto esercente la responsabilità del minore che abbia subito taluno degli atti di cui all'articolo 1, comma 2, della presente legge, può inoltrare al titolare del trattamento o al gestore del sito internet o del social media un'istanza per l'oscuramento, la rimozione o il blocco di qualsiasi altro dato personale del minore, diffuso nella rete internet, previa conservazione dei dati originali, anche qualora le condotte di cui all'articolo 1, comma 2, della presente legge, da identificare espressamente tramite relativo URL (*Uniform resource locator*), non integrino le fattispecie previste dall'articolo 167 del codice in materia di protezione dei dati personali, di cui al decreto legislativo 30 giugno 2003, n. 196, ovvero da altre norme incriminatrici.

2. Qualora, entro le ventiquattro ore successive al ricevimento dell'istanza di cui al comma 1, il soggetto responsabile non abbia comunicato di avere assunto l'incarico di provvedere all'oscuramento, alla rimozione o al blocco richiesto, ed entro quarantotto ore non vi abbia provveduto, o comunque nel caso in cui non sia possibile identificare il titolare del trattamento o il gestore del sito internet o del social media, l'interessato può rivolgere analoga richiesta, mediante segnalazione o reclamo, al Garante per la protezione dei dati personali, il quale, entro quarantotto ore dal ricevimento della richiesta, provvede ai sensi

degli articoli 143 e 144 del citato decreto legislativo 30 giugno 2003, n. 196.

Art. 3

Piano di azione integrato

1. Con decreto del Presidente del Consiglio dei ministri, da adottare entro trenta giorni dalla data di entrata in vigore della presente legge, è istituito presso la Presidenza del Consiglio dei ministri, senza nuovi o maggiori oneri per la finanza pubblica, il tavolo tecnico per la prevenzione e il contrasto del cyberbullismo, del quale fanno parte rappresentanti del Ministero dell'interno, del Ministero dell'istruzione, dell'università e della ricerca, del Ministero del lavoro e delle politiche sociali, del Ministero della giustizia, del Ministero dello sviluppo economico, del Ministero della salute, della Conferenza unificata di cui all'articolo 8 del decreto legislativo 28 agosto 1997, n. 281, dell'Autorità per le garanzie nelle comunicazioni, del Garante per l'infanzia e l'adolescenza, del Comitato di applicazione del codice di autoregolamentazione media e minori, del Garante per la protezione dei dati personali, di associazioni con comprovata esperienza nella promozione dei diritti dei minori e degli adolescenti e nelle tematiche di genere, degli operatori che forniscono servizi di *social networking* e degli altri operatori della rete internet, una rappresentanza delle associazioni studentesche e dei genitori e una rappresentanza delle associazioni attive nel contrasto del bullismo e del cyberbullismo. Ai soggetti che partecipano ai lavori del tavolo non è corrisposto alcun compenso, indennità, gettone di presenza, rimborso spese o emolumento comunque denominato.

2. Il tavolo tecnico di cui al comma 1, coordinato dal Ministero dell'istruzione, dell'università e della ricerca, redige, entro sessanta giorni dal suo insediamento, un piano di azione integrato per il contrasto e la prevenzione del cyberbullismo, nel rispetto

delle direttive europee in materia e nell'ambito del programma pluriennale dell'Unione europea di cui alla decisione 1351/2008/CE del Parlamento europeo e del Consiglio, del 16 dicembre 2008, e realizza un sistema di raccolta di dati finalizzato al monitoraggio dell'evoluzione dei fenomeni e, anche avvalendosi della collaborazione con la Polizia postale e delle comunicazioni e con altre Forze di polizia, al controllo dei contenuti per la tutela dei minori.

3. Il piano di cui al comma 2 è integrato, entro il termine previsto dal medesimo comma, con il codice di coregolamentazione per la prevenzione e il contrasto del cyberbullismo, a cui devono attenersi gli operatori che forniscono servizi di *social networking* e gli altri operatori della rete internet. Con il predetto codice è istituito un comitato di monitoraggio al quale è assegnato il compito di identificare procedure e formati standard per l'istanza di cui all'articolo 2, comma 1, nonché di aggiornare periodicamente, sulla base delle evoluzioni tecnologiche e dei dati raccolti dal tavolo tecnico di cui al comma 1 del presente articolo, la tipologia dei soggetti ai quali è possibile inoltrare la medesima istanza secondo modalità disciplinate con il decreto di cui al medesimo comma 1. Ai soggetti che partecipano ai lavori del comitato di monitoraggio non è corrisposto alcun compenso, indennità, gettone di presenza, rimborso spese o emolumento comunque denominato.

4. Il piano di cui al comma 2 stabilisce, altresì, le iniziative di informazione e di prevenzione del fenomeno del cyberbullismo rivolte ai cittadini, coinvolgendo primariamente i servizi socio-educativi presenti sul territorio in sinergia con le scuole.

5. Nell'ambito del piano di cui al comma 2 la Presidenza del Consiglio dei ministri, in collaborazione con il Ministero dell'istruzione, dell'università e della ricerca e con l'Autorità per le garanzie nelle comunicazioni, predispone, nei limiti delle risorse di cui al comma 7, primo periodo, periodiche campagne

informative di prevenzione e di sensibilizzazione sul fenomeno del cyberbullismo, avvalendosi dei principali media, nonché degli organi di comunicazione e di stampa e di soggetti privati.

6. A decorrere dall'anno successivo a quello di entrata in vigore della presente legge, il Ministro dell'istruzione, dell'università e della ricerca trasmette alle Camere, entro il 31 dicembre di ogni anno, una relazione sugli esiti delle attività svolte dal tavolo tecnico per la prevenzione e il contrasto del cyberbullismo, di cui al comma 1.

7. Ai fini dell'attuazione delle disposizioni di cui al comma 5, è autorizzata la spesa di euro 50.000 annui a decorrere dall'anno 2017. Al relativo onere si provvede mediante corrispondente riduzione, per gli anni 2017, 2018 e 2019, dello stanziamento del fondo speciale di parte corrente iscritto, ai fini del bilancio triennale 2017-2019, nell'ambito del programma «Fondi di riserva e speciali» della missione «Fondi da ripartire» dello stato di previsione del Ministero dell'economia e delle finanze per l'anno 2017, allo scopo parzialmente utilizzando l'accantonamento relativo al medesimo Ministero.

8. Il Ministro dell'economia e delle finanze è autorizzato ad apportare, con propri decreti, le occorrenti variazioni di bilancio.

Art. 4

Linee di orientamento per la prevenzione e il contrasto in ambito scolastico

1. Per l'attuazione delle finalità di cui all'articolo 1, comma 1, il Ministero dell'istruzione, dell'università e della ricerca, sentito il Ministero della giustizia - Dipartimento per la giustizia minorile e di comunità, entro trenta giorni dalla data di entrata in vigore della presente legge adotta linee di orientamento per la prevenzione e il contrasto del cyberbullismo nelle scuole, anche

avvalendosi della collaborazione della Polizia postale e delle comunicazioni, e provvede al loro aggiornamento con cadenza biennale.

2. Le linee di orientamento di cui al comma 1, conformemente a quanto previsto alla lettera l) del comma 7 dell'articolo 1 della legge 13 luglio 2015, n. 107, includono per il triennio 2017-2019: la formazione del personale scolastico, prevedendo la partecipazione di un proprio referente per ogni autonomia scolastica; la promozione di un ruolo attivo degli studenti, nonché di ex studenti che abbiano già operato all'interno dell'istituto scolastico in attività di *peer education*, nella prevenzione e nel contrasto del cyberbullismo nelle scuole; la previsione di misure di sostegno e rieducazione dei minori coinvolti; un efficace sistema di *governance* diretto dal Ministero dell'istruzione, dell'università e della ricerca. Dall'adozione delle linee di orientamento non devono derivare nuovi o maggiori oneri per la finanza pubblica.

3. Ogni istituto scolastico, nell'ambito della propria autonomia, individua fra i docenti un referente con il compito di coordinare le iniziative di prevenzione e di contrasto del cyberbullismo, anche avvalendosi della collaborazione delle Forze di polizia nonché delle associazioni e dei centri di aggregazione giovanile presenti sul territorio.

4. Gli uffici scolastici regionali promuovono la pubblicazione di bandi per il finanziamento di progetti di particolare interesse elaborati da reti di scuole, in collaborazione con i servizi minorili dell'Amministrazione della giustizia, le prefetture - Uffici territoriali del Governo, gli enti locali, i servizi territoriali, le Forze di polizia nonché associazioni ed enti, per promuovere sul territorio azioni integrate di contrasto del cyberbullismo e l'educazione alla legalità al fine di favorire nei ragazzi comportamenti di salvaguardia e di contrasto, agevolando e valorizzando il coinvolgimento di ogni altra istituzione

competente, ente o associazione, operante a livello nazionale o territoriale, nell'ambito delle attività di formazione e sensibilizzazione. I bandi per accedere ai finanziamenti, l'entità dei singoli finanziamenti erogati, i soggetti beneficiari e i dettagli relativi ai progetti finanziati sono pubblicati nel sito internet istituzionale degli uffici scolastici regionali, nel rispetto della trasparenza e dell'evidenza pubblica.

5. Conformemente a quanto previsto dalla lettera h) del comma 7 dell'articolo 1 della legge 13 luglio 2015, n. 107, le istituzioni scolastiche di ogni ordine e grado, nell'ambito della propria autonomia e nell'ambito delle risorse disponibili a legislazione vigente, promuovono l'educazione all'uso consapevole della rete internet e ai diritti e doveri connessi all'utilizzo delle tecnologie informatiche, quale elemento trasversale alle diverse discipline curricolari, anche mediante la realizzazione di apposite attività progettuali aventi carattere di continuità tra i diversi gradi di istruzione o di progetti elaborati da reti di scuole in collaborazione con enti locali, servizi territoriali, organi di polizia, associazioni ed enti.

6. I servizi territoriali, con l'ausilio delle associazioni e degli altri enti che perseguono le finalità della presente legge, promuovono, nell'ambito delle risorse disponibili, specifici progetti personalizzati volti a sostenere i minori vittime di atti di cyberbullismo nonché a rieducare, anche attraverso l'esercizio di attività riparatorie o di utilità sociale, i minori artefici di tali condotte.

Art. 5

Informativa alle famiglie, sanzioni in ambito scolastico e progetti di sostegno e di recupero

1. Salvo che il fatto costituisca reato, in applicazione della normativa vigente e delle disposizioni di cui al comma 2, il

dirigente scolastico che venga a conoscenza di atti di cyberbullismo ne informa tempestivamente i soggetti esercenti la responsabilità genitoriale ovvero i tutori dei minori coinvolti e attiva adeguate azioni di carattere educativo.

2. I regolamenti delle istituzioni scolastiche di cui all'articolo 4, comma 1, del regolamento di cui al decreto del Presidente della Repubblica 24 giugno 1998, n. 249, e successive modificazioni, e il patto educativo di corresponsabilità di cui all'articolo 5-bis del citato decreto n. 249 del 1998 sono integrati con specifici riferimenti a condotte di cyberbullismo e relative sanzioni disciplinari commisurate alla gravità degli atti compiuti.

Art. 6

Rifinanziamento del fondo di cui all'articolo 12 della legge 18 marzo 2008, n. 48

1. La Polizia postale e delle comunicazioni relaziona con cadenza annuale al tavolo tecnico di cui all'articolo 3, comma 1, sugli esiti delle misure di contrasto al fenomeno del cyberbullismo. La relazione è pubblicata in formato di tipo aperto ai sensi dell'articolo 68, comma 3, lettera a), del codice dell'amministrazione digitale, di cui al decreto legislativo 7 marzo 2005, n. 82.

2. Per le esigenze connesse allo svolgimento delle attività di formazione in ambito scolastico e territoriale finalizzate alla sicurezza dell'utilizzo della rete internet e alla prevenzione e al contrasto del cyberbullismo sono stanziate ulteriori risorse pari a 203.000 euro per ciascuno degli anni 2017, 2018 e 2019, in favore del fondo di cui all'articolo 12 della legge 18 marzo 2008, n. 48.

3. Agli oneri derivanti dal comma 2 del presente articolo, pari a 203.000 euro per ciascuno degli anni 2017, 2018 e 2019, si provvede mediante corrispondente riduzione dello stanziamento

del fondo speciale di parte corrente iscritto, ai fini del bilancio triennale 2017-2019, nell'ambito del programma «Fondi di riserva e speciali» della missione «Fondi da ripartire» dello stato di previsione del Ministero dell'economia e delle finanze per l'anno 2017, allo scopo parzialmente utilizzando l'accantonamento relativo al medesimo Ministero.

4. Il Ministro dell'economia e delle finanze è autorizzato ad apportare, con propri decreti, le occorrenti variazioni di bilancio.

Art. 7

Ammonimento

1. Fino a quando non è proposta querela o non è presentata denuncia per taluno dei reati di cui agli articoli 594, 595 e 612 del codice penale e all'articolo 167 del codice per la protezione dei dati personali, di cui al decreto legislativo 30 giugno 2003, n. 196, commessi, mediante la rete internet, da minorenni di età superiore agli anni quattordici nei confronti di altro minorenne, è applicabile la procedura di ammonimento di cui all'articolo 8, commi 1 e 2, del decreto-legge 23 febbraio 2009, n. 11, convertito, con modificazioni, dalla legge 23 aprile 2009, n. 38, e successive modificazioni.

2. Ai fini dell'ammonimento, il questore convoca il minore, unitamente ad almeno un genitore o ad altra persona esercente la responsabilità genitoriale.

3. Gli effetti dell'ammonimento di cui al comma 1 cessano al compimento della maggiore età. La presente legge, munita del sigillo dello Stato, sarà inserita nella Raccolta ufficiale degli atti normativi della Repubblica italiana. È fatto obbligo a chiunque spetti di osservarla e di farla osservare come legge dello Stato.

Data a Roma, addì 29 maggio 2017

MATTARELLA

Gentiloni Silveri, Presidente del Consiglio dei ministri

Visto, il Guardasigilli: Orlando

Riferimenti bibliografici

Avalle U. (2013), *Fenomenologia del bullismo*, in «La ricerca», n. 4.
Buccoliero E., Maggi M. (2005), *Bullismo, bullismi. Le prepotenze in adolescenza, dall'analisi dei casi agli strumenti d'intervento*, Franco Angeli.
Civita A. (2011), *Cyberbullyng. Un nuovo tipo di devianza*, Franco Angeli, Milano.
Chiarugi M., Anichini S. (2012), *Sono un bullo, quindi esisto. I volti della violenza nella ricerca della felicità*, Franco Angeli, Milano.
Collovati R. (2010), *Il bullismo sociale. Adulto & giovanile*, Armando Editore.
Fargnoli L. A., Moretti S., Scardaccione G. (2010), *La violenza. Le responsabilità di Caino e le connivenze di Abele*, Alpes, Roma.
Fedeli D. (2008), *Azioni antibullismo. Step operativi per la costruzione di una scuola pro sociale*, in «Psicologia e Scuola», n. 0, pp. 47-57.
Fontanella R. (2014), *La genesi del bullismo e di alcune sue forme*, in: http://www.pvmscuola.it/la-voce-dei-soci/99-la-genesi-del-bullismo-e-di-alcune-sue-forme-di-raffaele-fontanella
Fonzi A. (1999), *Il gioco crudele*, Giunti Editore, Firenze.
Gusmano B. e Mangarella T. (A cura di) (2014), *Di che genere sei? Prevenire il bullismo sessista e omotransfobico*, La Meridiana, Molfetta.
Glasl F. (1997), *Konflikt-management: ein Handbuch für Führungskräfte, Beraterinnen und Berater*.
Herek, G. M. (2004), *Beyond "homophobia": Thinking about sexual stigma and prejudice in the twenty-first century*, in «Sexuality Research and Social Policy», 1(2), 6-24.
Herek, G. M. (2009), *Sexual prejudice*, in Nelson T. (ed.), *Handbook of prejudice*, Psychology Press, New York.
Kersten J. (2010), *Vergogna e violenza giovanile*, in «Psicologia Contemporanea», n. 219, pp. 48-53.

Lingiardi V. (2007), *Citizen gay. Famiglie, diritti negati, salute mentale*, Il Saggiatore, Milano.
Lingiardi, V. (2009), *Quale diagnosi di personalità in adolescenza?* In «Psichiatria dell'infanzia e dell'adolescenza. Nuova serie», 76(1), 127-145.
Lingiardi V., Falanga S., D'Augelli A. (2005), *The Evaluation of Homophobia in an Italian Sample: An Exploratory Study*, in «Archives of Sexual Behavior», 34, 1, pp. 81-94.
Menesini E. (2000), *Bullismo che fare? Prevenzione e strategie d'intervento nella scuola*, Giunti Editore, Firenze.
Menesini E. (2007), *Strategie antibullismo*, in «Psicologia Contemporanea», n. 200, pp.18-25.
Meyer I. H. (1995), *Minority stress and mental health in gay men*, in «Journal of Health and Social Behavior», n. 36, pp. 38-56.
Olweus D. (1996), *Bullismo a scuola. Ragazzi oppressi, ragazzi che opprimono*, Giunti Editore, Firenze.
Pisano L., Saturno M. E. (2008), *Le prepotenze che non terminano mai*, in «Psicologia Contemporanea», n. 210, pp. 41-5.
Pisciotta S. (2003), *Bullismo*, in AA.VV. Lessico oggi. Orientarsi nel mondo che cambia, Catanzaro, Rubbettino.
Plater Menzez R., Gòmez E. (2007), *Herramientas para combatir el bulling hòmfobico*, Madird, Talasa.
Prati G., Pietrantoni L., Buccoliero E., Maggi M. (2010), *Il bullismo omofonico*, Franco Angeli, Milano.
Rigby K., Slee P. (1991), *Victims in school communities*, in «Journal of Australian Society of Victimology», 25-31.
Santoriello C. (2015), *"Facebook: offendere su una bacheca è diffamazione a mezzo stampa"*, Nota a Cassazione penale, sez. I, sentenza 08/06/2015 n° 24431, in Altalex, 24 giugno 2015:
http://www.altalex.com/documents/news/2015/06/15/facebook-offesa-su-bacheca-diffamazione-a-mezzo-stampa.
Save the Children (2014), *Safer Internet Day Study. Il cyberbullismo*, Ipsos, Roma.
Serafin G. (2012), *L'interpretazione del crimine. Criminologia, devianza e controllo sociale*, Tangram Edizioni Scientifiche, Trento

Sharp S., Smith P. K. (1995), *Bulli e prepotenti nella scuola*, Erickson, Trento (ed. orig., 1994, *Trackling bullyng in your school. A practical handbook for theachers*, Routledge, New York).
Terracciano U. (2017), *Cyberbullismo: come la nuova legge protegge I minori*, in «Polis – Polizia Locale d'Italia», anno XXII n. 7-8 pp. 22-28.
Vezzadini S. (2006), *La vittima di reato. Tra negazione e riconoscimento*, Clueb, Bologna.
Volturo S. (2011), *Bullismo. Definizioni, ricerche e strategie d'intervento*, in «*Autonomie locali e servizi sociali*», n. 1
Weinberg G. (1972), *Society and the Healthy Homosexual*, St. Martin's Press, New York, 1972.
Willard N.E. (2007), *Cyberbullying and cyberthreats*, Research press.

Sitografia

http://www.altalex.com/documents/news/2015/06/15/facebook-offesa-su-bacheca-diffamazione-a-mezzo-stampa
http://it.wikipedia.org/wiki/Cyberbullismo
http://it.wikipedia.org/wiki/Megan_Meier
http://it.wikipedia.org/wiki/Caso_Amanda_Todd
http://www.orizzontescuola.it/
http://www.corriere.it/Primo_Piano/Cronache/2006/11_Novembre/14/down.shtml
http://www.corriere.it/Primo_Piano/Cronache/2006/11_Novembre/18/video.shtml
http://www.corrierecomunicazioni.it/tlc/24917_google-italia-assoluzione-definitiva-sul-video-choc.htm
http://www.cpsico.com/identità_sessuale.htm
http://www.garanteprivacy.it/web/guest/home/docweb/-/docweb-display/docweb/6382505
http://www.ilmobbingnellascuola.it/
http://www.laricerca.loescher.it/quaderno_08/sorgenti/assets/common/.../publication.pdf

http://www.lastampa.it/2017/05/17/multimedia/edizioni/novara/il-pap-di-carolina-picchio-una-legge-per-i-ragazzi-solo-il-punto-di-partenza-iLqZju8nhCCKC6kpcYNf5M/pagina.html
http://www.orizzontescuola.it/
http://www.panorama.it/mytech/anonymous-nome-stalker-amanda-todd/
http://www.rainbowproject.eu/research/Italy_it.pdf
http://www.sinapsi.unina.it/bullomof_bullismoomofobico
http://www.trecani.it/

www.ingramcontent.com/pod-product-compliance
Lightning Source LLC
Chambersburg PA
CBHW072224170526

45158CB00002BA/734